Laurent Lavige

JOHNNY HALLYDAY

Ouvrage dirigé par
Jean-Baptiste Gilou

Direction artistique :
Constance Gournay

34/36, rue La Pérouse, 75116 Paris
Dépôt légal : décembre 2017
ISBN : 9782755637427

Laurent Lavige

JOHNNY HALLYDAY

Introduction 6

Les années 50
Une enfance sauvée par le rock'n roll 8

Les années 60
Johnny allume le premier feu 18

Les années 70
Le rock vacille, Johnny résiste 40

Les années 80
Le temps de la métamorphose 58

Les années 90
Le sacre de la rock'n roll attitude 82

Les années 2000
En route vers le show ultime 106

Les années 2010
Johnny est toujours vivant 136

Discographie 160

ntroduction

De haut en bas : madame Lavige dans la chambre des ses fils ; Laurent Lavige (à droite) et son frère.

J'ai rencontré Johnny, je devais avoir sept ou huit ans. Je vivais avec lui jour et nuit. La faute à mon grand frère qui avait choisi d'épouser les faits et gestes de cette nouvelle idole. Nous partagions la même chambre et je n'avais pas grand-chose à dire sur la démocrature qu'imposait mon aîné sur son territoire. Les quatre murs étaient recouverts de posters, photos, pochettes de disques à la gloire de Johnny Hallyday. Pas un centimètre de cet horrible papier peint de l'époque n'apparaissait. Johnny dormait avec nous. L'une des affiches était très convaincante. Le chanteur sur pied en taille réelle, les mains dans son jean, passait son temps à me regarder dans les yeux. Dans mes terreurs nocturnes, il me rassurait, Johnny ! Il me protégeait des monstres qui voulaient me tuer. Le chanteur est devenu un autre grand frère, protecteur lui aussi dans ma solitude d'enfant. Je me suis mis à aimer Hallyday comme on apprend à faire du vélo ou à parler l'anglais à deux ans. Chaque semaine, mon aîné débarquait avec un nouveau 45t, un album, des nouvelles images, et je m'identifiais à mes deux grands frères. Je découvrais le rock par l'intermédiaire de ce beau gosse et fantasmais sur ses déhanchements diaboliques.

Et puis il y eut l'album « Johnny Hallyday Story au Palais des Sports » en 1976 grâce auquel, de ma chambre, je pouvais me plonger dans ce concert en faisant hurler les petits haut-parleurs de l'électrophone. Un concert incroyable, d'une intensité folle, que je découvrais du haut de mes douze ans. Je voulais voir ce moment de mes propres yeux. Il faudra que je patiente jusqu'à mes quinze ans pour me retrouver parmi les huit mille personnes du Pavillon de Paris. Nous sommes en pleine euphorie *Star Wars*, et *L'Ange aux Yeux de laser* que nous propose Johnny est déjà un spectacle hors du commun. Je suis accroché à l'un des piliers en ferraille de la salle, pour ne pas me perdre dans la foule, et je plonge enfin dans la féerie du spectacle. Ce sera mon premier grand concert, ma première grande claque.

Johnny a toujours été là. Présent dans tous les moments de ma vie. Je l'ai parfois délaissé, snobé, mais chaque chanson qui passe à la radio n'a pas de secret pour moi (sauf peut-être celles de la dernière décennie). Comment vous dire ? Il est de ma famille. J'ai grandi avec lui, et même si j'ai plongé dans d'autres genres musicaux depuis, j'ai une infinie tendresse pour l'homme, et pour l'artiste. En 1995, je suis parti en tournée avec lui pendant deux mois. Vingt-deux dates à travers la France. Je produisais un jeune artiste et avais réussi à convaincre Jean-Claude Camus de le prendre dans son écurie, en première partie de sa star. Ce fut l'un des plus beaux et forts moments de ma vie de professionnel, et d'homme aussi. Depuis 1979, je n'avais loupé aucun de ses concerts, j'étais une mémoire ambulante de sa discographie. Pas un fan, mais une mémoire vivante. La première date de cette longue tournée d'été débuta aux Francofolies de la Rochelle. Imaginez un peu, celui qui fut à tous ses concerts se retrouvait en backstage, assis juste en face de la loge de la star. Johnny était avec Laeticia, et le couple était amoureux. C'était beau à voir. Il fallait attendre quelques jours avant de faire réellement sa connaissance. Johnny est un animal qu'il ne faut pas brusquer si on veut avoir une relation normale avec lui. La tournée démarra donc à la Rochelle puis la caravane prit la route direction Lille, et les grandes villes françaises. Chaque concert était attendu par des milliers de gens dont je faisais partie avant, comme une grand-messe où le partage était le thème. L'enfant de la balle avait réussi et incarnait ces petites gens qui étaient très fiers de lui. Johnny le sait, ça. Il le savoure chaque jour. Au second concert, je suis allé voir Jean-Claude Camus pour lui faire part d'un souci que j'avais vis-à-vis de mon artiste. Personne n'annonçait sa montée sur scène, personne ne le connaissait et bien que le public appréciât mon poulain, cette première partie ne servait à pas grand-chose si on ne mettait pas un nom sur lui. D'autant plus que j'avais investi beaucoup d'argent pour cette tournée et qu'il était important pour moi de vendre quelques albums. C'était un peu le but de cette tournée. Je proposais à Jean-Claude d'écrire un texte au nom de Johnny, de le faire valider par la star et lui-même et de trouver quelqu'un pour le lire sur scène, en présentation : « *Écris ton texte et rejoins-moi dans la loge de Johnny, pour qu'on le valide ensemble.* » Lorsque je frappe à la porte de la loge, c'est Laeticia qui m'ouvre avec un grand sourire. Je la salue tout en entrant. Tout de zèbre vêtu, Johnny est en discussion avec son producteur et un ami. Il me scrute rapidement, puis me serre la main. Camus fait les présentations et me demande le texte. Johnny le survole et accepte les quelques mots proposés pour présenter l'artiste. J'ai déjà franchi la porte quand Johnny me rappelle et me dit :

« *Laurent, j'ai écouté la prestation de ton artiste*

hier soir et j'ai trouvé ça vraiment bien. J'aimerais qu'il monte faire un duo avec moi un de ces quatre. Il connaît mon répertoire ? – Bien sûr qu'il le connaît ! Il connaît tes chansons par cœur ! »*, lui répondis-je sans la moindre hésitation. Je parlais pour moi. Je connaissais effectivement tous les textes quasiment par cœur ; mais pas mon artiste ! « *Ok ! je monte dans une heure sur scène, qu'il me rejoigne avec sa guitare dès que j'attaque Toute la musique que j'aime.* » Panique à bord, il nous restait une heure pour trouver la grille d'accords de la chanson, retrouver les paroles et les faire apprendre par celui qui serait son partenaire le temps d'une chanson. Ce duo durera tout l'été, pour un final début septembre 96, en direct sur TF1 à 20h30, dans « Les enfants de l'été », émission présentée par Arthur. De mon côté, j'ai eu l'immense honneur de présenter, chaque soir sur scène, le concert de Johnny et, par là-même, la première partie de mon artiste. Il faut être sur scène pour comprendre l'intensité et la puissance que dix mille personnes dégagent en même temps. C'est comme un upercut d'émotion qui s'empale dans vos tripes. Impossible de ne pas être à 100%, surtout quand vous avez devant vous quatre rangées de clones de Johnny qui connaissent toutes les paroles et les moindres mimiques du chanteur. Un soir, l'idole a lâché sa cour et est entré dans notre loge. J'avais prévenu mes musiciens qu'il était inutile d'essayer de l'approcher. Ce serait lui qui viendrait quand il le déciderait. Lorsqu'il entra, il s'empressa de nous dire : « *Je ne vous dérange pas ? Je passais juste vous saluer.* » Il resta une vingtaine de minutes, but un jus de fruit en notre compagnie, se laissa facilement convaincre d'être sur la photo. La porte s'ouvrit, Jean-Claude Camus débarqua : « *Vous nous excusez, mais Johnny a un concert à faire dans dix minutes.* » La porte se referma et je pus alors voir les visages des musiciens de mon artiste s'illuminer. C'étaient pourtant des pros qui avaient l'habitude d'accompagner des stars, mais Johnny dégage quelque chose de différent... La classe !

Je l'ai croisé de nouveau en 2001, pour une interview à propos de son album « Sang pour Sang ». Juste avant de débuter cet entretien, Eddy Mitchell débarqua dans le salon de l'hôtel Costes avec la mine du garçon qui va faire une bêtise. « *Laurent*, me dit-il, *il faut qu'on te parle ! J'ai promis à Johnny de lui acheter une paire de santiags dans le magasin d'en face, et il ferme à 19 heures. Tu avais prévu trente minutes d'interview avec lui, et je voudrais te demander s'il serait possible que tu raccourcisses l'enregistrement afin que nous puissions acheter ses pompes avant la fermeture ?* » Ils m'ont un peu énervé sur le coup, mais, à voir leur tête de chien battu, j'acceptai. L'interview se déroula parfaitement, et je fis signe à Eddy qui était assis un peu plus loin qu'il pouvait enlever son pote. « *Merci, Laurent ! On te le revaudra !* » Ils disparurent comme des garnements, en ricanant. Je rangeai mes affaires, discutai avec les personnes de la maison de disques, puis traversai le bar cosy de l'hôtel pour sortir. Tout en marchant, je tournai machinalement la tête et j'aperçus, cachés au fond de la salle comme deux gamins qui viennent de faire une connerie, Johnny et Eddy en train de boire des coups en rigolant. Je m'approchai d'eux un peu en colère. Dès qu'ils me virent, il m'adressèrent leur plus beau visage d'ange et Eddy me lança : « C'est drôle, mais le magasin était fermé aujourd'hui ! Tu veux boire un verre avec nous ? » Ils avaient l'air tellement heureux d'être ensemble que je n'ai pas voulu casser leur bulle. Johnny était ainsi. Un homme d'amitié, un homme de la rue, qui nous ressemble un peu. C'est pour cette raison que nous l'aimons tous.

Laurent Lavige

Eté 1995, tournée de Johnny Hallyday en France. De gauche à droite et de bas en haut : Johnny Hallyday sur scène ; Johnny et Laurent Lavige dans une loge ; la scène à Lille. 2001 : Johnny et Laurent en interviewe.

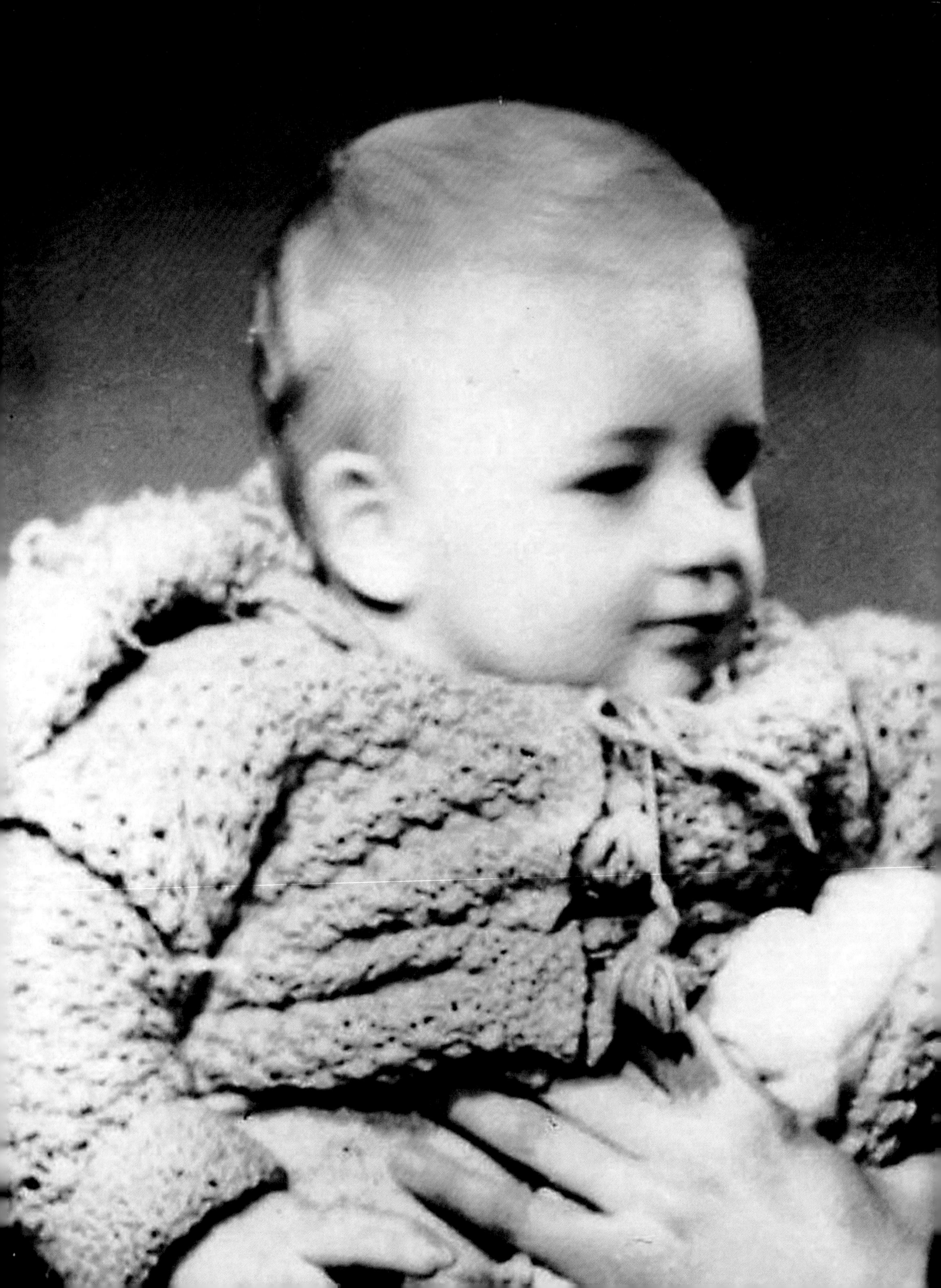

LES ANNÉES 50

1942
■ 29/1/42
Naissance à Paris, dans le VIIe arrondissement, de Christian Blondieau, futur Long Chris, copain de Johnny Hallyday. Il signera plusieurs textes de chansons pour Johnny comme *Si j'étais un charpentier*, *Je suis né dans la rue*, *Gabrielle*, ainsi qu'un livre intitulé *À la cour du roi Johnny*, en 1986.

1943
■ 15/6/43
Naissance à Paris de Jean-Philippe Léo Smet, dit Johnny Hallyday.

1944
■ 4/6/44
Naissance d'Antoine à Tamatave, à Madagascar. Brillant étudiant en sciences politiques, ingénieur sorti de Centrale, il aime le canular, la plaisanterie style almanach Vermot. Il faudra le texte désopilant des *Élucubrations* (dans lequel il n'hésite pas à mettre « Johnny Hallyday en cage à Médrano ») pour qu'Antoine devienne célèbre en 1966.

1954
■ 19/11/54
Ray Charles enregistre dans les studios d'une radio d'Atlanta *I Got A Woman*. Ce classique qui le consacre auprès du grand public sera repris, entre autres, par Elvis Presley et Johnny Hallyday

Une enfance sauvée par le rock'n roll

Lorsque Huguette, la jeune femme devenue maman à la clinique de la Villa Marie-Louise, rue Malesherbes à Paris, ouvre le journal de la semaine qui traîne sur la petite table de chevet de la chambre du service d'obstétrique, elle recherche du doigt le signe astrologique de son nourrisson né une semaine plus tôt, le 15 juin 1943. Pourtant les gros titres de ce lundi 21 juin sont au centre de toutes les discussions : « *Jean Moulin, symbole de la Résistance française, vient d'être arrêté sur dénonciation par la Gestapo.* » Il sera torturé puis exécuté. Huguette découvrira pour la première fois le nom de Klaus Barbie, tortionnaire de Jean Moulin et grand organisateur de la déportation. Malgré la guerre et le chaos dans lesquels la France vit, la jeune maman n'a qu'une obsession, celle de savoir quelle sera la personnalité de Jean-Philippe. *Gémeaux, ascendant Vierge.* Elle jette un regard empli de tendresse sur le berceau qui retient les premiers rêves de son enfant et se met à lire à haute voix les grands traits de personnalités de son fils : « *Le Gémeaux ascendant Vierge a une vive intelligence et un esprit très observateur. Il se sent souvent incompris, et protège ses sensibilités par l'humour ou l'ironie. L'un de ses points forts est son habileté à tirer parti des capacités d'autrui. Il analyse, observe et reste un peu en dehors des sentiments. La peur d'être floué l'empêche d'accorder sa confiance et peut nuire à son*

> **« Hélène Mar deviendra sa mère de substitution mais Jean-Philippe grandira avec des plaies ouvertes.**

bonheur. Il a, pourtant, un besoin constant d'être encouragé et stimulé. La routine ne lui réussit pas, c'est dans le mouvement, les déplacements et l'activité effrénée (qui lui plaisent le plus) qu'il réussit le mieux. D'un point de vue santé, les tensions nerveuses peuvent l'user et l'épuiser, il fume trop, abuse de stimulants et ne dort pas assez. Cela risque d'aboutir à des crises sérieuses de surmenage, voire de problèmes cardiovasculaires. De petits soucis, ou un mauvais état de santé, le gêneront dans le développement de ses entreprises vers la soixantaine. Mieux vaut ne pas vouloir trop en faire, ne pas abuser de ses forces et développer une philosophie d'attente. Les Gémeaux, avec la Vierge comme ascendant, ont une faculté artistique, le goût du déplacement. »

La jeune Huguette reste allongée là, dans ce lit, à écouter le bruit des tractions rouler sur les pavés parisiens. C'est le couvre-feu et ce Paris, si souvent appelé *Ville Lumière*, n'est plus que l'ombre de lui-même sous les bottes de l'occupant. Il faudra patienter encore un peu avant que les Alliés ne débarquent en France et libèrent la capitale. En attendant, le père, Léon Smet, a disparu dans la nature. Léon est né en Belgique, à Shaerbeeck, en 1908. Après avoir suivi quelques cours au conservatoire de Bruxelles, il débarque à Paris au début de la guerre et, après avoir été marié deux fois, rencontre à Montmartre la jeune et jolie Huguette Clerc. Mais, dès la naissance du petit, il prendra ses jambes à son cou et abandonnera son monde. Huguette sait que la vie de son enfant ne sera pas banale. Elle sait aussi qu'elle ne pourra assumer seule l'éducation du bébé dans de bonnes conditions. Son métier de mannequin l'oblige à être aux quatre coins de la planète et elle n'avait pas prévu la lâcheté du père. En ce 21 juin 1943, elle prend la décision de confier le petit à la sœur de Léon (le père désormais absent). Hélène deviendra donc la mère de substitution, et Jean-Philippe Smet un enfant déchiré, abandonné, qui grandira avec des plaies ouvertes. L'absence du père, l'éloignement de sa mère et l'éducation des plus strictes de sa tante pèseront tout au long de sa vie. Hélène Mar (qui a déjà deux filles, Desta et Mennen), sera un élément important dans la vie de Johnny. Ancienne actrice du cinéma muet, cette femme originaire de Namur en Belgique va s'atteler à donner à cet enfant différent une éducation remplie d'amour, d'exigence, et ouverte sur l'art. Très vite, elle voit pour lui une carrière d'acteur ou de danseur, et c'est à Londres qu'il prendra ses premiers cours de solfège. Jean-Philippe ne grandira pas dans le cadre scolaire classique. Il ne connaîtra pas les collèges, les classes avec des professeurs, des amours d'enfants sur les bancs de la cour de l'école, les carnets de notes et de correspondance à remplir, les imitations de signatures pour les

JOHNNY ET SA MERE HUGUETTE CLERC
Huguette n'aura pas la force d'élever le petit Jean-Philippe. C'est Hélène Mar qui jouera le rôle de maman.

PARTIE DE CAMPAGNE
De temps en temps, Huguette passe voir son fils Jean-Philippe et partage des moments de complicité.

Dès neuf ans, Johnny va découvrir l'Europe avec ses sœurs d'adoption

mauvaises notes, ou les absences non justifiées. Son enfance sera nomade, dans un esprit d'intermittent du spectacle.

À l'été de ses deux ans, des événements vont influencer la vie de la famille Mar. En 1945, la France est libérée et une partie du pays est détruite. C'est sur les décombres que la justice française va s'intéresser de près à Jacob Mar. Le mari d'Hélène est soupçonné de collaboration avec l'ennemi. L'heure est au règlement de comptes ; il sera condamné à cinq ans de prison. En 2001, lorsque je rencontrai l'idole des jeunes, il me confia au micro de France Inter et malgré les années passées, cette souffrance d'enfance née pendant la guerre : « *Les enfants me disaient que ma mère avait couché avec les Boches, c'était dur à vivre.* » Cinquante-cinq ans plus tard, la blessure pouvait encore se lire dans ses yeux clairs, comme si c'était hier.

Il est donc temps pour Hélène et ses trois enfants de prendre le large quelque temps et de se faire oublier. L'ancienne actrice vient de décrocher un contrat pour ses filles avec l'International Ballet. Une vie de saltimbanque, que Jean-Philippe va épouser sans le vouloir. Il va même effectuer ses premiers pas sur une scène, comme figurant, dans la troupe de ses cousines. Une adaptation locale de *Caligula* d'Albert Camus. Et puis, l'un des grands tournants dans la vie du futur Johnny, c'est l'arrivée d'un jeune artiste américain dans la bande des cousines. Il s'appelle Lee Ketcham, débarque de l'Oklahoma et forme, avec Desta et Mennen, un trio artistique. Ces trois-là vont se tailler une sacrée réputation au point que le trio, accompagné du petit Smet, va être obligé de partir sur les routes d'Europe, répondant aux nombreuses propositions de cachets : le casino d'Enghien, le théâtre des étoiles à Paris (dont les vedettes sont Yves Montand et Line Renaud). Caché dans les coulisses, le petit observe chaque gestuelle du grand Yves et décortique les mouvements de l'américain Lee. Smet Jr. est en apprentissage de vie. Il a neuf ans quand le trio va découvrir la Belgique, la Hollande, l'Italie, l'Allemagne, la Scandinavie, le Portugal. C'est à Milan, lors d'une tournée italienne de dix-huit mois, que Smet Jr. va se dégourdir les doigts en tombant d'accord avec une guitare six cordes. Du haut de ses neuf ans, il entendra pour la première fois son futur pseudonyme comme un cadeau du ciel. Lee choisit de baptiser le trio *Les Halliday's* (en souvenir d'un médecin de famille en Amérique). La comparaison est facile. La famille Jackson outre-Atlantique avait aussi sa mascotte. Tout le monde connaît le parcours planétaire du petit Michael. Celui de Johnny sera identique dans l'Hexagone. Et si Jean-Philippe était né aux États-Unis, quelle carrière aurait-il eue ?

Il faudra attendre ses dix ans pour que le jeune Smet, revienne se poser quelque temps en France, à Paris, et découvrir la vie plus classique d'un Parisien sédentaire entouré de nouveaux amis de quartier. Malgré cela, sa tante Hélène demeure convaincue que Jean-Philippe peut et doit réussir dans le spectacle. Elle l'inscrit donc au Théâtre du Grand Guignol.

En 1955, c'est l'Olympia de Paris pour le jeune futur artiste. La salle mythique est impressionnante pour un enfant qui n'a pas encore douze ans. D'autant plus qu'il observe, caché derrière le gros rideau en velours rouge, les Hallyday's qui présentent leur attraction en attendant de retrouver les vedettes du soir : Francis Blanche et Charles Trenet. Blotti sur le côté de la scène, il se retrouve aux côtés du grand Trenet à observer les siens sur scène. Le fou chantant restera gravé à vie dans sa mémoire. Les semaines passent, et l'heure est à nouveau au départ. Les contrats affluent des quatre coins de l'Europe et les Hallyday's reprennent donc la route. C'est l'Europe du Nord qui accueille tantes, oncles et cousines sur les scènes. Au cours de l'entracte, entre deux chorégraphies, Jean-Philippe va s'essayer devant le public, habillé de la panoplie de Davy Crockett offerte par Hélène. Il va jouer à la guitare le thème du film *Jeux interdits*, puis interpréter quelques chansons d'Henri Salvador ou de George Brassens. Chaque soir, c'est le triomphe pour le gamin qui se prend au jeu du spectacle en décidant de prendre des cours de guitare. Puis, il va se découvrir à Hambourg, à travers deux films, *À l'Est d'Eden* et *La Fureur de Vivre*, interprétés par l'étoile filante du cinéma américain, James Dean. L'impact de l'acteur dans la vie de l'ado est colossal. Lui qui fut abandonné par son père, élevé par une autre famille, s'identifiera à lui à travers ces deux films cultes et aussi à travers le personnage du jeune rebelle avec sa moue ravageuse, sa gestuelle et sa façon de marcher. Son choix est fait. Il sera

1955

■ 25/1/55
Sortie du film Les Diaboliques avec Paul Meurisse, Simone Signoret et un jeune figurant qui deviendra célèbre : Johnny Hallyday.

1958

■ 24/11/58
Naissance à Scunthorpe (Irlande) de Carmel (McCourt), chanteuse à la voix chaude et puissante, qui fit les beaux jours des hit-parades dans les années 80. *Sally* (86), *J'oublierai ton nom*, en duo avec Johnny Hallyday (chanson écrite par Jean-Jacques Goldman).

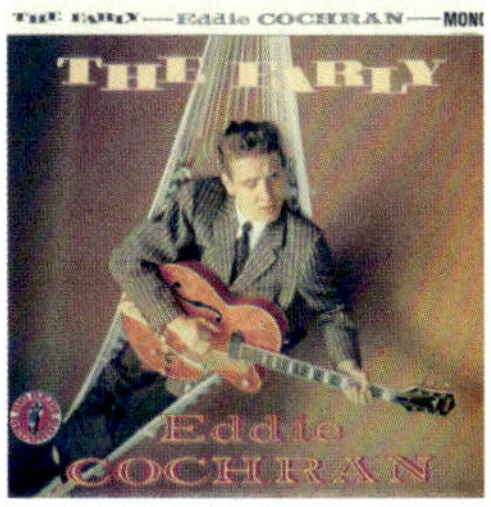

À quatorze ans Johnny découvre le rock : Bill Haley et bien sur le génial Eddie Cochran.

“Lorsqu’Elvis Presley se met à interpréter Hound Dog à l’écran, Jean-Philippe est sous le choc.

chanteur et acteur pour le cinéma. À treize ans, sa tante va négocier au Danemark son premier contrat d’artiste. Il sera maintenant applaudi, durant les changements de plateau, comme professionnel chanteur.

À quatorze ans, Jean-Philippe n’est pas l’adolescent que la France a fantasmé pendant des décennies. Il traîne ses bottillons du côté de la Trinité à Paris, se fait de nouveaux amis dont certains deviendront par la suite Jacques Dutronc ou Francis Huster. En fait, Smet Jr. est tout sauf un rocker voyou et bagarreur. C’est un adolescent timide, mal à l’aise avec les autres. Pourtant, son physique ne laisse pas les jeunes femmes indifférentes. Mais il a quelques années d’avance sur les jeunes de sa génération. Depuis sa naissance, l’ado a traversé des pays, des villes, a travaillé dur et appris la vie sur le tas. Un enfant de la balle. Une expérience de vie incroyable pour un jeune de quatorze ans. Il se rend comme toutes les semaines dans son cinéma préféré, place de Clichy. Cette semaine, il croit découvrir un western d’après l’affiche et s’installe confortablement dans l’un des fauteuils de la salle, un cornet de pop-corn posé sur ses genoux. La vedette de ce film *Loving You* est un certain Elvis Presley et notre futur héros est surpris de voir une sorte de mélo à l’américaine plutôt qu’un bon vieux film de cow-boy. Mais lorsqu’Elvis Presley se met à interpréter *Hound Dog* à l’écran, Jean-Philippe s’accroche aux accoudoirs de son siège et regarde, effaré, toutes les filles de la salle hurler et danser debout sur les fauteuils. L’adolescent est sous le choc. Un déclic comme une claque ! Le lendemain, il sera le premier à se ruer à la première séance de ce même film pour comprendre ce qui lui était arrivé la veille. Deuxième séance et nouvelle claque ! Cet acteur-chanteur que l’on surnomme « The King » outre-Atlantique déclenche une vague d’hystérie dans la petite salle de la place Clichy.

DES VIES SÉPARÉES
Pendant que Johnny rencontre le rock'n'roll, sa mère poursuit sa vie de mannequin.

JOHNNY RETROUVE SA MERE
Le lien n'est pas coupé entre Johnny et sa mère. Avec tendresse, il la retrouve régulièrement.

En 1959, la vie de Johnny bascule...

La France ne connaît pas encore ce jeune mec blanc qui chante et danse comme un Noir sur des chansons inédites. Un nouveau son, une énergie incroyable, un état d'urgence qui colle parfaitement à l'adolescence. « *Il paraît que cette musique s'appelle le rock'n'roll aux États-Unis.* » La rumeur traverse la place Clichy comme une traînée de poudre. Le soir venu, Jean-Philippe ne peut pas fermer l'œil. Trop excité, trop secoué par ce qu'il vient d'encaisser. Cette rencontre virtuelle avec la future star Elvis est une profonde secousse pour l'adolescent. James Dean s'était tué au volant de sa voiture de sport deux ans plus tôt, Smet Jr. découvre aujourd'hui celui qui va devenir son nouveau maître à penser. Du haut de ses quatorze ans, il sait enfin ce qu'il doit faire. Devenir le porte-parole de cette nouvelle musique en France.

Jean-Philippe découvre, par l'intermédiaire d'un nouvel ami de bagarre, le Golf Drouot, à l'angle de la rue Drouot et du boulevard des Italiens. Cet endroit va devenir, au rythme de la déflagration du rock'n'roll dans le monde, le temple du rock en France. Autour du juke-box du patron (Henri Leproux), les jeunes clients fans de musique se déhanchent et évoquent cette musique importée des États-Unis. Bill Haley, *Rock Around the Clock*, Gene Vincent et son *Be-Bop-A-Lula*, Eddie Cochran, *Blue Suede shoes*, tournent en boucle. C'est la guerre du Golf avant l'heure pour les jeunes Dutronc, Smet, Moine (futur Mitchell), Logan et Hue (futur homme politique). Jean-Philippe continue d'imiter James Dean et Elvis Presley dans l'appartement familial, mais Lee, l'oncle d'Amérique, sent que l'ado est sur le point de passer à côté de son histoire, les agents d'artistes parisiens ne voient pas en cette musique venue de l'Ouest un futur lucratif. Il va prendre les choses en main et devenir son imprésario. Il va d'abord lui trouver un nom de scène. Ce sera John (pour Jean), puis Johnny (parce que cela sonne mieux) et Halliday (pour garder la marque familiale). Johnny Halliday est né.

Avoir un nom de star ne signifie pas pour autant que les portes du succès s'ouvrent du jour au lendemain. Les maisons de disques, les clubs et les restaurants refusent d'entendre du rock dans la bouche du jeune français. Le pays n'est pas tout à fait prêt à accepter cette musique. Sa jeunesse, oui, ses adultes non. C'est en décembre 1959 que tout va basculer pour Johnny. C'est la radio qui va être le déclencheur. Le réalisateur de l'émission publique « Paris Cocktail » accepte d'auditionner l'adolescent le 30 décembre en direct, pendant la soirée dont la vedette est Colette Renard. Sur la scène du Marcadet-Palace, Johnny va tout casser en éructant sa torride et personnelle adaptation de *Tutti Frutti*, devant un public ahuri par tant d'énergie et de jeunesse. À la suite de cette prestation atomique, les paroliers de Colette Renard débarquent dans la loge. Ils sont retournés par ce qu'ils viennent de voir, ils proposent à Jean-Philippe leurs services pour l'écriture de nouvelles chansons et lui promettent de lui présenter le directeur artistique du label Vogue, Jacques Wolshom. Pour mettre toutes les chances du bon côté, il faut écrire de bonnes chansons à Johnny. Quelques jours avant l'audition chez Vogue, Jil et Jan (les paroliers) proposent des paroles sur une musique que Johnny compose devant eux : « *Ma mère me dit régulièrement/Tu ne fais rien, tu perds ton temps/Tu ferais mieux de travailler/Au lieu de t'en aller twister/Laisse les filles, tu as bien le temps/D'avoir des milliers d'embêtements/Crois-moi* » (*Laisse les filles*, 1960). Cette première chanson quasi autobiographique fait référence aux angoisses de sa tante Hélène le voyant partir au Golf Drouot avec ses amis.

C'est entouré de ses deux nouveaux auteurs et du guitariste Philippe Duval que Johnny va se présenter au 54 de la rue d'Hauteville et interpréter son inédit devant le directeur artistique qui, sans hésitation, propose un contrat immédiatement. « *On enregistre la semaine prochaine, Johnny !* » Après quelques jours de réflexion, Hélène Mar et Lee Ketchman-Halliday acceptent de valider ce contrat avec « exclusivité », établi au nom du jeune artiste.

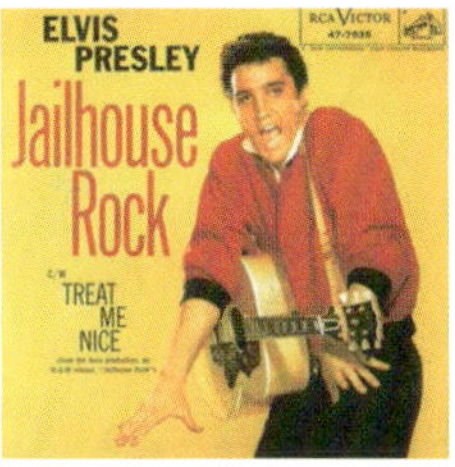

Elvis Presley est l'idole de Johnny : le rocker débutant copie la gestuelle de l'américain.

LES ANNÉES 60

1960

■ 14/1/60

Elvis Presley est nommé sergent de l'armée américaine. Un exemple suivi plus tard par Johnny Hallyday.

■ 14/3/60

Vogue édite le premier disque de Johnny Hallyday, « T'aimer Follement ». À partir de cette date historique, en moins d'un an, il va devenir la vedette n°1 du rock'n'roll français, bouleversant le music-hall et changeant notre vie.

■ 18/4/60

Dans l'émission télévisée « À l'école des vedettes », Line Renaud présente

Johnny Hallyday. Il n'a pas encore 17 ans, les cheveux un peu longs et soigneusement ondulés, pantalon de cuir noir et chemise rayée, il se lance dans un frénétique *Laisse les filles*.

■ 3/6/60

Sortie de « Souvenirs Souvenirs », le second 45 tours de Johnny Hallyday,

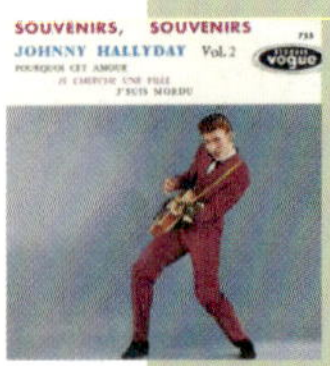

une chanson fétiche pour tous les nostalgiques de cette décennie.

■ 1/8/60

Johnny Hallyday est victime d'un accident de voiture entre Boulogne-sur-Mer et Lille.

Johnny allume le premier feu

Les années 60 vont débuter avec beaucoup de rêves pour la famille de Johnny ; pourtant, dès la sortie de *Laisse les filles*, le retour de bâton de se fait pas attendre. Devenu Hallyday (avec un Y), grâce ou à cause d'une erreur d'imprimerie, Johnny comprend très vite que les professionnels qui l'entourent ne sont pas vraiment convaincus de la puissance de ce nouveau genre qu'est le rock'n'roll. Vogue insiste pour qu'il adapte une chanson déjà enregistrée par Dalida, *T'aimer follement*, pour ne pas violenter la France bien pensante.

20 septembre 1961, Johnny passe pour la première fois à l'Olympia : un triomphe salué par le Tout Paris.

> **« Quoi que le jeune Smet chante, il le transforme en incantation sensuelle, pour ne pas dire sexuelle.**

Le résultat ne va pas arranger les choses. Johnny en fera une version saccadée, hoquetée, déhanchée, qui poussera les roucoulades de Dalida dans le placard du passé. Quoi que le jeune Smet chante, il le transforme en incantation sensuelle, pour ne pas dire sexuelle. Il y a danger dans le show business, bien campé sur la variété à la française. Lucien Morisse, compagnon de Dalida et patron de la radio Europe N°1, ira même jusqu'à casser le 45 tours en direct sur l'antenne en disant au micro : « *Ce Hallyday doit être cassé !* » Le premier disque de Johnny va déclencher un séisme culturel, générationnel, social et identitaire. Inutile de présenter la France en 1960. Ce disque a déjà des valeurs sûres dans cette nouvelle musique dite « légère », ou intoxiquée par le diable lui-même. *Souvenir souvenir*, *Depuis qu'ma môme*, *T'aimer follement*, *J'suis mordu*, *Je cherche une fille*... Mais qui est ce Johnny qui chante pour les jeunes des chansons dont les préoccupations sont exclusivement dédiées à cette génération ? Les médias décident, d'un revers de la main, d'ignorer cette marionnette qui se déhanche et passe son temps à éructer en hoquetant ses soucis de trouver une fille pour l'aimer follement. Malgré les premières ventes honorables et sa place dans le hit-parade, Johnny traîne à trouver des dates de concerts. Il lui faudra, en avril, un coup de pouce presque involontaire de Line Renaud, meneuse de revue au Casino de Paris, pour qu'il puisse faire sa première émission de télévision : « L'École des vedettes ». Le principe est simple : cette Star Academy avant l'heure propose, sur la seule chaîne

LE DÉBUT DES ANNÉES 60
Les années « baston » pour un Johnny qui les chantera dans son single « La Bagarre ».

JOHNNY ET SYLVIE, OFFICIELLEMENT MARIÉS DEPUIS LE 12 AVRIL 1965.
Lors d'une soirée pour les 20 ans du Lido en 1966.

Johnny rencontre Sylvie en 1962, c'est le coup de foudre !

Octobre 1963, Johnny signe des autographes avec Sylvie Vartan.

de l'époque, qu'un artiste reconnu parraine un jeune talent et le fasse découvrir aux millions de Français, le temps d'une chanson en direct. Le jeune danseur que doit parrainer Line Renaud vient de se décommander et il faut lui trouver un remplaçant en quelques heures. Johnny se retrouve donc sur scène avec Line qui ne le connaît pas ou peu, à présenter sa chanson. Il va d'abord s'empêtrer en répondant aux questions taquines de ses hôtes, mais lorsqu'il se met à interpréter *T'aimer follement*, un silence s'écrase sur le plateau. À la fin de son atomique version, Line Renaud n'aura qu'une phrase à la bouche comme pour se sortir de ce tourbillon : « *C'est le public qui est seul juge !* »

Il en sera ainsi pendant plus de cinquante ans. Le public a toujours été avec Johnny, quoi qu'il fasse, quoi qu'il dise. Il est de la famille, de toutes les familles, adopté par plus de soixante-quatre millions de Français, lui qui fut abandonné dès la naissance. De quoi réfléchir sur le caractère «individualiste » des Français ?

Au printemps 1960, l'émission « Salut les Copains » sur Europe 1 décide de prendre Johnny Hallyday comme mascotte. Il devient en quelques jours le chouchou du programme le plus écouté de la radio en France. La jeunesse française peut enfin transférer sur quelqu'un. Le déclic sera sa prestation à L'Alhambra, le théâtre parisien dans lequel se sont produites des stars comme Maurice Chevalier. Johnny décroche la première partie d'un humoriste de renom, Raymond Devos. Il devra, le temps de cinq chansons, convaincre et séduire le Tout-Paris, celui des adultes et des professionnels de la musique. Ce qui devait être un tremplin pour le jeune chanteur deviendra chaque soir un véritable calvaire. Si le public agrippé au balcon est enthousiaste, le parterre en revanche est consterné. Les sièges d'en bas sont chaque soir réservés au VIP et aux professionnels venus, d'abord et avant tout, voir Raymond Devos. Consternés de voir ce jeune se rouler par terre en hurlant *Tutti Frutti*, les journalistes ainsi que les artistes présents se déchaîneront après le spectacle. « *Un canular du genre... Cow-boy de pacotille... Mauvaise copie d'Elvis à la française* », Claude Sarraute ira même jusqu'à écrire : « *J'ai pris aux soubresauts, aux convul-*

■ 20/9/60
Johnny Hallyday se produit à l'Alhambra à Paris, dans le spectacle de Raymond Devos. Johnny est hué par le public de l'orchestre, mais encouragé par celui du balcon.

1961

■ 24/2/61
Premier Festival Rock au Palais des sports de Paris, avec Johnny Hallyday, Les Chaussettes noires d'Eddy Mitchell, Frankie Jordan et l'Italien Little Tony.

■ 18/9/61
Johnny Hallyday participe à la première de l'émission télé « Âge tendre et tête de bois ». Cette émission deviendra le rendez-vous culte de la jeunesse devant le petit écran.

■ 20/9/61
Johnny Hallyday passe pour la première fois en vedette à l'Olympia de Paris.

■ 28/9/61
Un Nancéen de 18 ans, Jean-Claude Berthon, lance *Disco Revue*, la première revue rock française, avec Johnny Hallyday en couverture : une mine d'or pour les fans du rock français.

■ 4/11/61
Johnny Hallyday enregistre *Retiens la nuit*, au studio Blanqui à Paris. Il interprète ce titre (écrit à son attention par Charles Aznavour), pour le film *Les Parisiennes* avec Catherine Deneuve.

1967, TILT MAGAZINE
Johnny comprend vite l'intérêt de la télévision et devient le chouchou des médias. En 1967, il participe à l'émission « Tilt Magazine » présenté par Michel Drucker.

1967, PALAIS DES SPORTS
Agitation dans les coulisses du Palais des Sports pour le concert de Johnny. Sylvie accompagne et soutient le chanteur dans cette aventure.

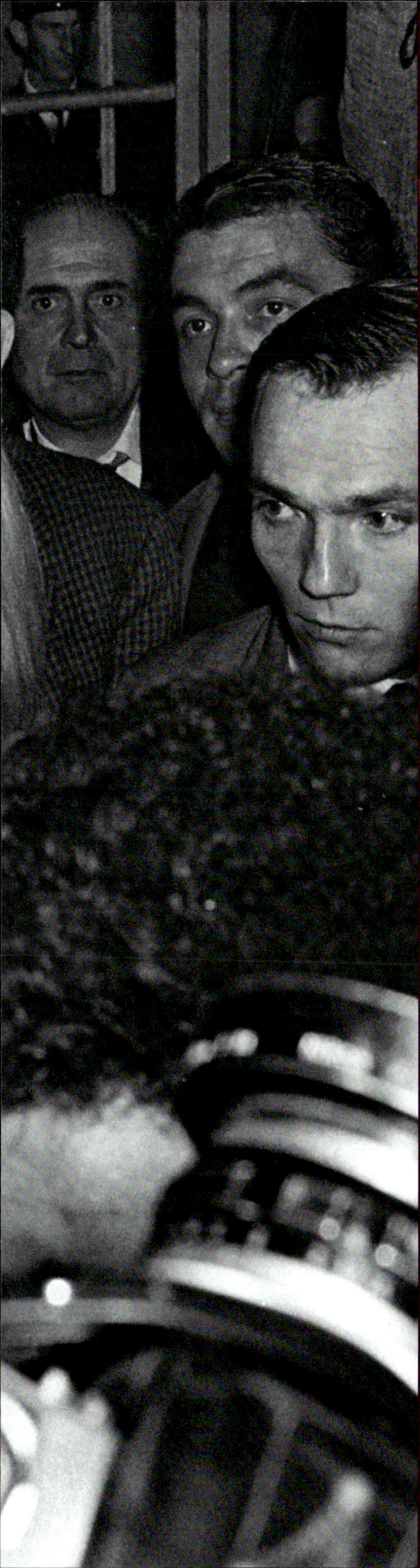

“La jeunesse n’attendait qu’une allumette pour mettre le feu aux poudres.

sions, aux extases de ce grand flandrin rose et blond, le plaisir fait d’intérêt et d’étonnement mêlés que procure une visite aux chimpanzés du zoo de Vincennes. » Mais ce qui touche profondément l’adolescent, c’est d’entendre les violentes critiques de ses pères. Henri Salvador et Dalida seront les plus virulents en protestant auprès de la production d’avoir du supporter cet énergumène. Lorsqu’en 2004, je demandai à M. Salvador de m’expliquer cette fameuse soirée, il lâcha d’un air désinvolte : « *Johnny à L’Alhambra ? Il était drôle !* » Heureusement, au balcon, c’est l’explosion. La sécurité se demande si l’infrastructure va tenir, tellement ça secoue à l’étage. Le public, les fans sont hystériques. Parmi eux, Eddy Mitchell, Jacques Dutronc, la bande du Golf Drouot et de la Trinité exultent devant leur pote et nouvelle idole. La pression est telle que Raymond Devos en personne sera obligé de menacer les producteurs de la salle d’annuler ses spectacles s’ils décidaient de virer le jeune héros. Malgré ce chaos invraisemblable, plusieurs personnalités seront tout de même derrière Johnny. Jean-Paul Belmondo sera « subjugué », par l’animalité et la puissance du jeune artiste, Maurice Chevalier, ou encore Michel Polnareff, alors ado, qui se prendra deux gifles par ses parents pour leur avoir dit ouvertement préférer la première partie à l’humoriste. Conflit de génération, la minuterie est enclenchée, rien ne peut plus l’arrêter.

Les années 60 seront celles de Johnny. En l’espace de quelques mois, il va passer de simple marionnette à icône du rock en France. La jeunesse n’attendait qu’une allumette pour mettre le feu aux poudres. Les 45 tours s’enchaînent, et la folie Hallyday s’empare des collèges et lycée hexagonaux. La France adolescente se rue pour essayer d’apercevoir la jeune star du rock. Chaque passage sur scène engendre une hystérie collective. On se souviendra du 24 février 1961, au Palais des Sports de Paris. C’est le premier festival du rock en France et Europe 1 à la bonne idée d’ouvrir les hostilités, pas trop tard dans la soirée. C’est la cohue porte de Versailles. Lycéens, étudiants, ouvriers, employés et même des retraités débarquent en grand nombre pour assister à ce premier événement. L’affiche est cohérente, attirante :

1962

■ 13/4/62
Johnny Hallyday reçoit son premier Disque d'Or pour *Let's Twist Again.* Il déclare alors : « Moi, le fanatisme, ça ne m'intéresse plus. Je veux chanter des chansons agréables et intelligentes. »

■ 25/5/62

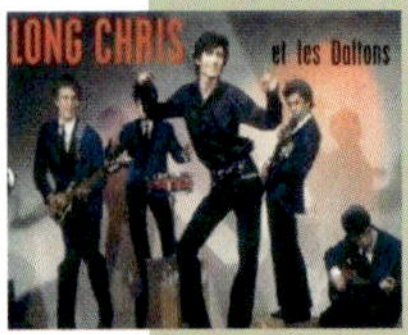

Sortie chez Philips du super 45 tours « Ma verte prairie » de Long Chris et Les Daltons. Long Chris (19 ans) est particulièrement soutenu par son grand copain Johnny Hallyday.

■ 15/6/62

En tête des best-sellers d'albums en France, on trouve dans l'ordre : « Le 2 000 000e » des Chaussettes Noires, « Retiens la nuit » de Johnny Hallyday, « Les Chats Sauvages » et « Rock'n'twist » des Chaussettes Noires.

■ 17/9/62
Johnny Hallyday est n°1 au hit-parade français avec *Pas cette chanson*, adaptation du tube américain *Don't Play That Song* de Ben E. King, écrit par Ameth Ertegun (fondateur d'Atlantic Records).

1963

■ 8/1/63
Johnny Hallyday enregistre *L'idole des jeunes*, adaptation française du tube américain *Teenage Idol*, de Ricky Nelson.

« Les premières vagues d'évanouissement surviennent dès l'arrivée de Johnny sur scène.

Les Chaussettes Noires (d'Eddy Mitchell), Little Tony, Frankie Jordan, Bobby Riddell et Sylvie Vartan (dont on se demande encore ce qu'elle venait faire là). Mais la foule n'a d'yeux que pour sa star. Celle qui est attendue depuis des heures. Dès que Johnny débarque sur scène, les premières vagues d'évanouissement arrivent à intervalles réguliers. Malgré la bagarre générale qui entache quelque peu la soirée, les grands titres sont forcés d'admettre le lendemain « *Le triomphe de Johnny Hallyday* ». Un disque de ce mémorable concert sera enregistré. « Johnny Hallyday et ses fans au festival du rock'n'roll » sera le premier disque en public du rocker. Les mois qui vont suivre seront partagés entre la tournée à grand succès à travers la France, les émeutes qu'elle suscite dans toutes les villes qu'elle traverse et la guerre que se livrent à coups de millions de francs les grandes maisons de disques pour attirer Johnny dans leur catalogue. Exit Vogue, ce sera Philips qui remportera le morceau face à Barclay. Hallyday est une star, le chéquier est de sortie et celui qui vient de fêter ses dix-huit ans ne peut que jubiler en observant cette nouvelle cour autour de lui. Pourtant, et malgré ce succès populaire, une grande partie des médias français continue à des « *pseudo-starlette du rock* », qui est le reflet de cette jeunesse « *dévoyée et sans valeur* ».

Le 20 septembre 1961, Johnny a rendez-vous avec son destin. Pour la première fois de son histoire, l'Olympia va ouvrir ses portes à un concert de rock. Les lettres en rouge sur la grande devanture promettent un concert unique et mémorable. Le Tout-Paris bien pensant qui le raillait il y a quelques mois se bouscule pour assister à cette grande première. Le monde change à une vitesse... Charles Aznavour convainc Édith Piaf de venir, Line Renaud, Sacha Distel, Marlene Dietrich... c'est dire si l'événement est important. Cette dernière lui aurait dit à la fin du spectacle : « *Si vous étiez américain, Elvis aurait du souci à ce faire.* » Le 20 septembre 1961, 23h50. Johnny est dans sa loge, entouré d'une multitude de personnalités, de journalistes. Il a mis tout le monde d'accord. Reconnu enfin, Johnny Hallyday a réussi ce que sa tante Hélène désirait le plus au monde : devenir un grand artiste. Les mois qui vont suivre sont une succession de bonheurs pour Johnny. Rien ne lui résiste. Le cinéma et le cœur de Catherine Deneuve, ainsi que le talent de Charles Aznavour qui va lui écrire, pour les besoin d'un film, l'un des premiers grands succès de son histoire : *Retiens la nuit*. Les fanatiques du rock et casseurs de strapontins prendront cette chanson comme une trahison. Le rockeur fait les yeux doux à la variété. C'est toute l'ambiguïté et le talent de Johnny qui a su, tout au long de sa carrière, ne rien s'interdire au fil des modes et décennies. C'est sûrement le plus gros reproche qu'on lui fera. Rocker caméléon, devenu hippie, bluesman, motard, crooner, rocker, hard rocker selon les modes. Johnny, quant à lui, reste Johnny. En cette fin d'année 1961, Johnny exploite la mode du twist en rendant hommage, à travers un album, à l'émission « Salut les copains » qui l'a révélé aux yeux du grand public.

SOIRÉE EN 1967
Le prince de la nuit dans un look baroque. Johnny cultive son image dans les soirées parisiennes.

En ce début d'année, Johnny part aux États-Unis sur « la terre promise », des idées et fantasmes plein la tête et le cœur. Il aura rencontré l'homme de sa vie, George Brassens et sa future femme, Sylvie Vartan. C'est à New York puis à Nashville qu'il va vivre son « Amérique à lui », avec les musiciens qui font la pluie et le beau temps sur la planète musique. Il va donc mettre les mains dans son fantasme en enregistrant « Johnny Hallyday Sings America's Rock In Hits », un album de reprises explosives qui font la part belle, avec un accent frenchy, aux classiques du rock et de la musique américaine : *Blueberry Hill, Hello Mary Lou, Feel so Fine, I Got a Woman, Be-Bop A Lula, You're Sixteen, Whole lotta Shakin'Goin On, Maybellene,* ou encore *Diana*. Alors que le Français vit à l'américaine, la France découvre dans les bacs des disquaires de quartier un nouvel album de la star, « Retiens la Nuit ». Le 9 février 1962, c'est encore du twist que le public va entendre, mais c'est un slow qui va retenir l'attention. *Retiens la nuit* va faire le tour des radios et des juke-box, et devenir le slow de l'été 62. Dès son retour des États-Unis, Johnny se concentre sur la préparation de son second Olympia prévu du 25 octobre au 1er novembre 62. Respectant son thème astrologique, il va utiliser le talent de son entourage pour arriver le jour J avec un spectacle calibré et surtout des nouvelles chansons. *L'Idole des jeunes* fera partie du cortège de tubes qu'il distillera tout au long de son spectacle.

L'élève rejoint le maître, hommage à Elvis et à Johnny dans ce numéro de "Salut" de 1962.

1967 PALAIS DES SPORTS
Johnny marque de son empreinte la scène de cette salle qu'il retrouvera si souvent.

MAI 68 ARRIVE…
Le look hippie s'affirme. Ici avec Sylvie lors de l'enregistrement de l'émission « Jolie Poupée ».

Sylvie : une histoire d'amour mouvementée qui durera 15 ans

C'est l'année de l'amour pour Johnny et cette jeune femme d'origine bulgare. Sylvie Vartan représente ce que l'enfant de la balle n'est pas. Elle est issue d'une famille soudée, a fait des études, grandi dans la stabilité, en bref, Johnny est amoureux et les médias français profitent de ces rumeurs pour faire les première de couvertures. Johnny découvrira les gros titres et restera tout en haut de l'affiche. Les années 60 vont asseoir l'idole des jeunes sur le socle marbré des rois du rock. Johnny va sortir durant cette décennie un, voire deux, albums par an. « Les Bras en Croix » (63), avec des adaptations en français de classiques américains tels que *Elle est terrible, Quand un air vous possède, Tes tendres années* ; « Da Dou Ron Ron » (63), avec le célèbre *Da Dou Ron Ron* ; « Bonne Chance » (64), avec l'un des titres phares du répertoires de la star *Excuse-moi partenaire* ; « Olympia 64 » avec tous les succès repris en chœur par la France entière ; « Les rocks les plus terribles » (64), avec un hommage musclé aux classiques du rock adaptés en français : *Johnny reviens, Lucille, Rien que huit jours, Frankie & Johnny, Ô Carole, Sally* ; « Le Pénitencier » (64), avec cette exceptionnelle reprise du *House of the rising sun* des Animals, *Le Pénitencier, Les Mauvais garçons* ; « Halleluyah » (65) dans lequel on sent le changement de mode avec *Mes yeux sont fous, Les Monts près du ciel, Juste un peu de temps, Quand revient la nuit* ; « Johnny Chante Hallyday » (65) : *Mon anneau d'or, Le Diable me pardonne, Avec une chanson, Dis à mon frère* ; « La Génération perdue » (66) : *La Génération perdue, Noir c'est noir, Je veux te graver dans ma vie, Cheveux longs et idées courtes* ; « Olympia 67 » : *Si j'étais un charpentier, Hey Joe, Jusqu'à minuit, Je suis seul* ; « Johnny 67 » avec *Amour d'été, Aussi dur que du bois, La Petite fille de l'hiver* ; « Johnny au palais des sports 67 », « Jeune homme » (68) : *Jeune homme, Au pays des aveugles, À tout casser, Mal, L'Histoire de Bonnie & Clyde*, « Rêve et amour » (68) : *Entre mes mains, Cours plus vite Charlie, Je pars demain*, « Rivière... ouvre ton lit » (69) avec *Voyage au pays des vivants, Je suis né dans la rue* ; « Palais des sports 69 » et « Vie » (70) : *Essayez, C'est écrit sur les murs, Poème sur la septième, Deux amis pour un amour, Jésus-Christ.*
Les années 60 se terminent dans une drôle d'ambiance planétaire. Entre progrès et régression humaine. Comment ne pas être impressionné par ce nouvel avion de ligne supersonique qui va relier Paris à New-York en une poignée d'heures ? Le Concorde sera l'un des fleurons de l'inventivité française, avant qu'il ne s'écrase trente ans plus tard et entache une carrière exceptionnelle. Les Américains ont trusté l'audience en cette année 69 avec leur programme de téléréalité en direct de la Lune. C'est le 21 juillet, le monde regarde ébahi Neil Armstrong et Edwin Aldrin à la télévision faire leurs premiers pas sur la cette planète morte. À la radio, un autre mur du son est franchi avec cette nouvelle chanson que vient de sortir Johnny, *Que je t'aime*, qui deviendra l'un des classiques de la carrière de la star.
Le monde change, la musique et le look du chanteur aussi. Le twist fait partie du passé. Son entourage regarde la société avancer et, tels des journalistes à l'affût des scoops, ils s'attachent à maintenir Johnny dans cette évolution, d'autant qu'il a cette incroyable faculté de se transformer sans pour autant vendre son âme au diable. En 1969, sort l'album « Rivière... ouvre ton lit », plus axé sur des arrangements rock psychédéliques. Johnny n'est pas encore un hippie, mais l'influence d'Hendrix, des Small Faces et du Creedence Clearwater Revival est énorme dans sa manière d'évoluer. Lee Hallyday est à la réalisation, et les guitaristes de génie qui vont transcender la musique de l'idole s'appellent Jean-Pierre « Rolling » Azoulay et un certain Jimmy Page. Je suis né dans la rue sera l'attraction de cet opus qui va conclure une décennie de haute révélation et de transformation. « *Je m'appelle Jean-Philippe Smet/Je suis né à Paris/Vous me connaissez mieux sous le nom de Johnny/ Un soir de juin en 1943/ Je suis né dans la rue/Par une nuit d'orage/Oh oui je suis né dans la rue/Oh oui je suis né dans la rue/Dans la rue* »
Et puis, et surtout, les années 60 se terminent par ce festival qui va être le point d'orgue de cette

Pendant son service militaire, commencé en 1963, Johnny se marie avec Sylvie Vartan le 12 avril 1965.

1963

■ 20/1/63
Johnny Hallyday est n°1 en France avec *Elle est terrible*, sa version française de *Somethin' Else* d'Eddie Cochran.

■ 1/5/63
Dessiné par Long Chris, le nouveau décor du Golf Drouot est inauguré par son meilleur ami, Johnny Hallyday.

■ 19/5/63

Johnny Hallyday fait un malheur lors de l'émission télé « Télé Dimanche » avec *Les bras en croix, Tendres années, Quand un air vous possède, T'as qu'seize ans.*

■ 21/5/63

Sammy Davis Jr obtient un triomphe lors de son spectacle à l'Olympia en présence de Jean-Jacques Debout, Sacha Distel, Claude François, Johnny Hallyday, Françoise Hardy, Orlando, Sylvie Vartan.

■ 15/6/63

Johnny Hallyday est en Camargue pour le tournage du film *D'où viens-tu, Johnny ?* (BO). Ce film sort dans les salles le 30 octobre.

1964

■ 13/6/64

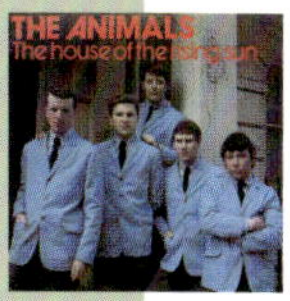

Parution en Angleterre de la chanson *The House Of The Rising Sun* des Animals. Le disque est n°1 En Angleterre et aux États-Unis. Il devient rapidement un tube mondial pour le groupe de Newcastle d'Eric Burdon. Johnny Hallyday obtiendra, lui aussi, un énorme succès avec cette chanson, sous le titre français (signé Hugues Aufray) *Le Pénitencier.*

1966

■ 11/3/66

Après James Brown, le public anglais découvre Wilson Pickett, au Flamingo Club de Londres, le créateur de In The Midnight Hour, repris en France sous le titre Jusqu'à minuit par Johnny Hallyday.

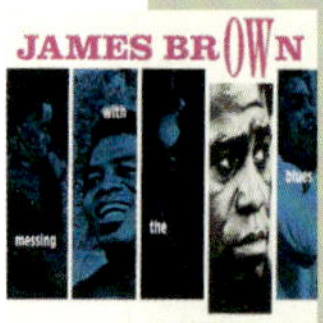

■ 12/3/66

James Brown arrive à l'aéroport du Bourget puis, à minuit, se produit à Paris à l'Olympia où, époustouflant, il fascine le public par une prestation comme jamais vu. Pour beaucoup de spectateurs priviligiés, dont Johnny Hallyday et Eddy Mitchell, James Brown est le meilleur showman mondial.

■ 18/8/66

Sylvie Vartan met au monde David Hallyday, le fils de Johnny.

■ 10/9/66

Johnny Hallyday, qui vient de rentrer de Londres après l'enregistrement de « Noir, C'est Noir », tente de se suicider dans son appartement de Neuilly au moment où on l'attend à Vincennes pour la Fête de L'Humanité. La cause ? Sylvie veut divorcer.

■ 7/10/66

Johnny Hallyday inaugure son ranch, Robinson Village, au Plessis-Robinson, près de Paris.

■ 18/10/66

Après son suicide raté, Johnny Hallyday ressuscite à l'Olympia de Paris. Un invité de marque, encore inconnu à l'époque, passera en première partie de son spectacle : Jimi Hendrix.

PALAIS DES SPORTS 1969

Une nouvelle fois Johnny se donne et enflamme le public du Palais des Sports.

AVORIAZ 1967

Sport d'hiver pour Johnny dans une station qui se créait. À ses cotés, François Cevert, un prodige de la formule 1 qui disparaîtra tragiquement au Grand Prix des Etats-Unis en 1973.

1967

■ 11/4/67
Johnny Hallyday et Sylvie Vartan font baptiser leur fils David.

■ 10/6/67
Johnny Hallyday débute une tournée d'été de cent jours qui passe par Les 24 Heures du Mans, sous

l'égide de l'ORTF, devant 25 000 fans. Il entreprend ce périple au volant de sa nouvelle voiture, une Lamborghini Miura.

■ 18/6/67
Johnny Hallyday court à Montlhéry sur Ford Mustang, dans la catégorie « Tourisme de plus de 1300 cc ».

■ 02/10/67

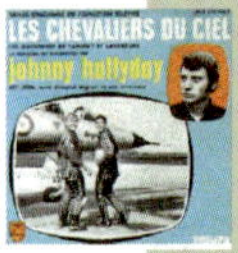

Première diffusion dela série de télévision "Les chevaliers du ciel" dont Johnny interprète la chanson de générique

■ 14/11/67
Johnny Hallyday chante

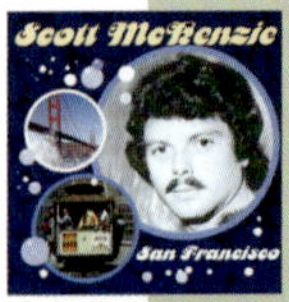

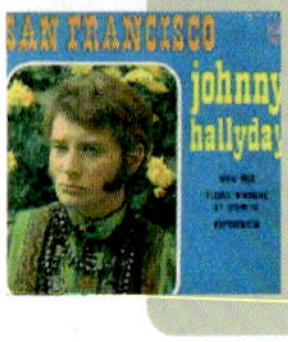

San Francisco (reprise du titre de Scott McKenzie), et termine son show au Palais des sports de Paris en cuir noir avec *Lucille.* Les Troggs assurent sa première partie : *With A Girl Like You.*

Toujours fidèle, Johnny ne rate pas l'émission qui a contribué à son lancement, « Salut les copains ». Ici, avec l'animateur Hubert Wayaffe.

envie de liberté, d'amour et de paix. Johnny épouse donc cette nouvelle philosophie pour le bien de sa carrière. Il rêvera secrètement de cette immense prairie devenue le centre du monde « libre », le temps du festival de Woodstock. C'était en août, l'été est souvent propice aux nouvelles résolutions de rentrée. La décennie 70 débute par des disparitions. Il faut croire que c'était la vie de la fin des années 60. Tout était excessif, ouvert aux expérimentations humaines, musicales et guerrières. Pour s'y être frottés d'un peu trop près, certains, et pas des moindres, y laisseront leur peau. Brian Jones, le dandy décadant des Rolling Stones, avait ouvert la voie en se noyant dans sa piscine en juillet 69, puis ce fut au tour de Jim Morrison en juillet 70, Jimi Hendrix en septembre 70 et Janis Joplin en octobre 70. Trois référents de la jeunesse planétaire vont donc disparaître coup sur coup. C'est beaucoup pour notre star nationale qui nage entre deux eaux, entre deux décennies. L'heure est donc au changement, d'autant plus qu'en France, la concurrence commence à se faire sentir. Toujours à l'écoute des gémissements de notre planète, Johnny va se mettre au vert le temps d'un disque. Il s'appelle « Vie ». Dans cette nouvelle vie, le chanteur aborde l'écologie avant l'heure. Le seul qui abordera ce thème un an plus tard sera reconnu dans le monde entier. En 1971, Marvin Gaye traitera la planète dans ce superbe album « *What's going on* ». Johnny n'a pas trouvé le thème de l'écologie tout seul, c'est une rencontre importante dans sa carrière qui lui permettra de monter la marche. Un jeune journaliste, reporter, auteur, scénariste, va bouleverser sa manière d'aborder la chanson. Philippe Labro va s'atteler à apporter un regard journalistique à la musique de Johnny. Il sera aisé pour lui de s'inspirer des maux du monde. Woodstock a laissé une trace indélébile dans l'inconscient collectif, le jeune auteur va donc s'en servir pour écrire un premier texte humaniste, adressé aux adolescents puis aux parents, sur la transmission et le fait de ne pas reproduire les mêmes erreurs. Le texte fait mouche, appuyé par une orchestration de haute volée avec des cordes, des chœurs, un piano et une guitares sèche pour rester dans son temps. « *Quand vos parents vous quitteront/Ils vous diront "Faut essayer, de vous aimer"/À votre tour de réussir/Tout ce que nous avons gâché, avons raté. Essayez !* ». Avec *Essayez*, Johnny passe à la vitesse supérieure. Les paroles sont maintenant à la hauteur, et l'artiste a mûri, grandi. L'adolescent est devenu un homme. Leur coup d'essai est un coup de maître. Labro va faire scandale en faisant chanter à l'idole *Jésus-*

“Woodstock a laissé une trace indélébile dans l'inconscient collectif.

LE SPÉCIALISTE

Dans le sillage des westerns spaghettis de Sergio Leone, Johnny tourne « Le Spécialiste » de Sergio Corbucci. Film dans lequel il incarne le rôle-titre, un cow-boy taciturne.

PALAIS DES SPORTS 1969
Le monde change. La musique et le look du chanteur aussi.

Philippe Labro renouvelle les thèmes du répertoire de Johnny

Christ. « *S'il existe encore aujourd'hui/Il doit vivre aux États-Unis/Il doit jouer de la guitare/Et coucher sur les bancs des gares/Il doit fumer de la marie-jeanne/Avec un regard bleu qui plane* ». Le portrait hippie de ce Jésus-Christ va relancer la polémique autour du chanteur « le provocateur ». La religion est à prendre avec des pincettes en ce début de décennie. Les thèmes abordés par Labro sont ancrés dans leur temps et Johnny devient reporter/chanteur sans le vouloir. La France découvre à travers ses chansons ce qu'est la marie-jeanne, le festival de Woodstock, que la police américaine a assassiné des membres des Black Panthers à Chicago, ce qu'est un hippie, la Beat génération, que Kerouac n'est pas un pêcheur de thon, que William Burroughs et Allen Ginsberg n'étaient pas des joueurs de football irlandais. *C'est écrit sur les murs* est une inspiration musicale très hendrixienne, pour aborder le conflit du Vietnam, le besoin de paix, de liberté et d'amour.

Auteur de talent, féru de littérature américaine, Labro va s'éclater comme un enfant à se faire l'écho des événements mondiaux. Il ira jusqu'à écrire des paroles sur la 7e Symphonie de Ludwig van Beethoven. Ce qui est bluffant avec cette chanson, c'est l'anticipation de Labro qui verra sur grand écran, trois ans plus tard (1973), le film Soleil Vert, film d'anticipation, prophétique, de Richard Fleischer, annonciateur d'un avenir lourd et menaçant. L'histoire se passe en 2022, dans un monde dont les hommes ont détruit la faune et la flore. Faute de nourriture, le peuple est obligé de manger des aliments de synthèse « Soleil vert », fabriqué par la société Soylent. Après de nombreuses émeutes, un policier va découvrir que ce « Soleil vert », créé soi-disant à base de plancton, est composé en fait d'êtres humains. La scène finale est culte. Charlton Heston se retrouve dans une grande salle, l'endroit où l'on installe chaque homme qui va mourir et à qui on diffuse, sur un immense écran, la vie telle qu'elle était avant. La faune, la flore, l'air, le ciel bleu, les oiseaux, les prairies, le tout agrémenté d'une musique classique. C'est la récompense avant de finir dans des petits cachets « Soleil Vert ». Ce passage est intéressant car, même si la musique du film n'est pas la 7e de Beethoven, elle s'en rapproche. *Poème sur la 7e*, version Labro/Hallyday, aborde exactement le même sujet, celui d'un futur proche qui a perdu toute conscience et mémoire de ce qu'était la planète auparavant. Le chanteur pose des questions sur des choses qu'il n'a jamais vues ni vécues. « *Qui a couru sur cette plage ?/Elle a dû être très belle/J'aurais bien aimé toucher du sable, une seule fois/Entre mes doigts/Qui a nagé dans cette rivière ?/Vous prétendez qu'elle était fraîche/Qu'elle descendait de la montagne ?* » Yan Arthus Bertrand, avec *Home*, n'a rien inventé, Philippe Labro avait déjà écrit le scénario il y a presque quarante ans !

Et puis, Labro va aussi faire redécouvrir à Johnny l'Amérique de Kerouac, *Sur la route*. Il va transformer son chanteur en Hobo, errant de train en train à travers le pays. *La Fille aux cheveux clairs* est une ballade country aidée d'une pedal steel guitar. Une écriture à la Richard Brautigan, qui commente un quotidien sans intérêt, une histoire d'amour éphémère. Dans son genre, c'est une réussite. 1970 est donc une grande année pour Johnny Hallyday. Sa rencontre avec Labro lui apporte une autre épaisseur et il peut envisager les prochaines années avec quiétude. Sa route est bien tracée.

"Soleil Vert". Le film de Richard Fleischer avec Charlton Heston annonce les désastres écologiques.

1968

■ 1/3/68

Johnny Cash épouse la chanteuse June Carter. En 1970, ils enregistreront ensemble avec brio *If I Were A Carpenter*. Cette chanson de Tim Hardin avait déjà été reprise par Johnny Hallyday en 1966, sous le titre *Si j'étais un charpentier*.

■ 02/10/68

Sortie du film "A tout casser" avec Eddie Constantine.

1969

■ 05/07/69

Début du tournage du film "Le spécialiste" avec Johnny dans le rôle titre.

■ 25/12/69

« *J'm'appelle Jean-Philippe Smet, je suis né à Paris, vous me connaissez mieux sous le nom de Johnny.* » C'est avec ces premiers mots que Johnny Hallyday va conquérir la France en vendant 815 000 exemplaires du 45t « Que je t'aime/Je suis né dans la rue ».

LES ANNÉES 70

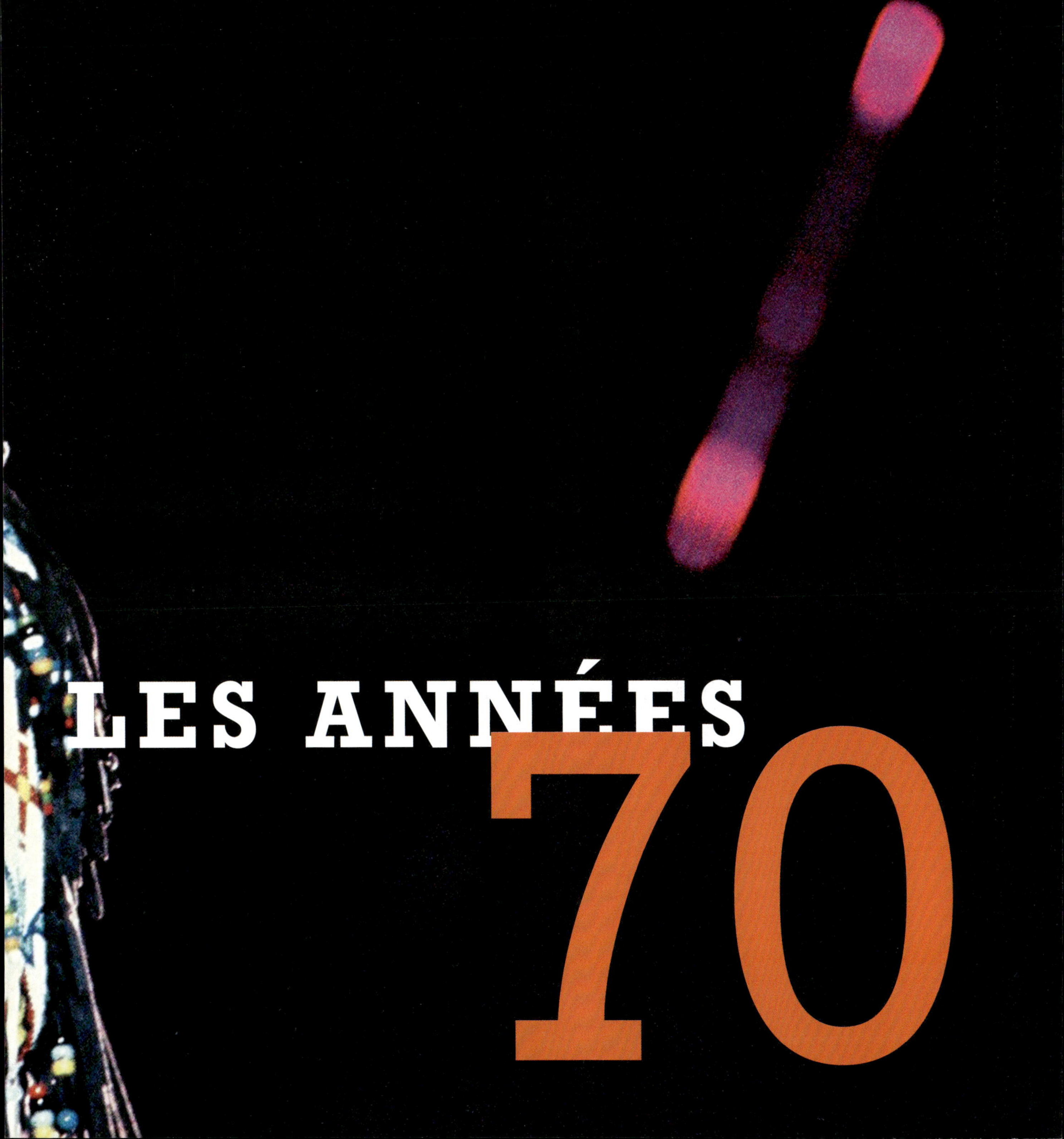

1970

■ 21/2/70

Accident de la route : la DS 21 que conduisait Johnny Hallyday est sortie

de la route à cause du verglas. Sa compagne Sylvie Vartan sera défigurée et devra se faire opérer en urgence aux États-Unis. Quant à Johnny, un nez cassé, quelques contusions. Un accident qui aurait pu avoir de graves conséquences pour l'un des couples les plus médiatiques de France.

■ 30/4/70

Sortie du nouveau disque de Johnny Hallyday avec des textes de Philippe Labro. Le titre *Jésus-Christ (est un hippie)* choque beaucoup et est bientôt censuré par l'ORTF, ce qui ne l'empêche pas d'être n°1 des ventes le 12 juin.

■ 17/6/70

Les Parisiens peuvent voir le film *5 + 1*, dans lequel on retrouve le show de Johnny Hallyday au Palais des sports de mai 1969, ainsi que celui des Stones à Hyde Park, toujours en 1969.

■ 1/10/70

La maison de disques de Johnny Hallyday fête les dix ans de carrière du chanteur en sortant un coffret de quatre albums et un poster.

Le rock vacille, Johnny résiste

Johnny embarque son monde à l'Olympic Sound Studio de Londres. Ils rencontrent le génial Chris Kimsey, le célèbre ingénieur du son des Rolling Stones. C'est avec ce nouveau regard sur le monde, à travers la plume de Philippe Labro, qu'il va s'attaquer à « Flagrant Délit », album qui sortira en 1971. Dès les premières notes de la première chanson, *Flagrant délit*, on est dans le monde de *La Musique que j'aime*. Production confortable, précise, entre la pop anglaise et le blues-rock américain, les cuivres s'imposent comme une évidence. Les thèmes sont toujours d'actualité : le rapport suspicieux de la société de l'époque vis-à-vis de la jeunesse, « flagrant délit » de jeunesse,

L'idyle entre Johnny et Nanette Workman s'affiche au grand jour lors du festival de Cannes de 1972.

> **Johnny se paye le Palais des Sports avec, en invité permanent, un certain Michel Polnareff.**

Fils de personne, adaptation bien calibrée du *Fortunate son* du Creedence Clearwater Revival qui, dans la bouche de Johnny, aborde l'enfance sans racines, sans avantages, *Ma jolie Sarah* aux accents blues-rock avec une guitare en gimick, comme une petite transe (l'un des gros succès de la star), l'épopée américaine, *l'American Dream*, vue par Labro dans *Boire à la source*. L'album se vendra très bien grâce au tube de l'été 71, *Ma jolie Sarah*. L'équipe à Jojo a enfin trouvé le bon rythme et le son qui colle à son époque. En septembre de la même année, Johnny se paye le Palais des Sports avec, en invité permanent, un certain Michel Polnareff qui s'éclatera chaque soir avec son piano, à booster le répertoire de l'idole des jeunes. Cette série de concerts parrainés pour la première fois par une radio périphérique (RTL) achèvera d'asseoir au niveau national la notoriété de Johnny. L'impact de ce spectacle est tel que le cinéma s'intéresse de très près à ce nouveau « bankable » français. C'est Claude Lelouch qui va lui permettre de fréquenter, le temps d'un film, les barons du cinéma français. *L'Aventure c'est l'aventure* est devenu un film culte grâce à Jacques Brel, Aldo Maccione, Lino Ventura, Charles Denner et Charles Gérard, dans les rôles d'une bande de petits truands avides de magouilles aux quatre coins de la planète. Johnny y interprète son propre rôle. La bande de malfrats organise avec Hallyday son faux enlèvement afin de partager ensuite la rançon. Ce film est hilarant du début à la fin.

C'est dans son grand appartement de l'avenue du président Wilson dans le XVIe arrondissement parisien, près de la Maison de la radio, que Johnny pense recevoir un matin le plombier, afin de

TOURNÉE CIRQUE 1972

La tournée, immense barnum musical, se solde par un désastre financier.

1971

■ 25/12/71

Johnny Hallyday est à

l'apogée de sa notoriété. Il dessine les courbes alléchantes de « Oh, ma jolie Sarah », qui se vendra à plus de 580 000 exemplaires .

1973

■ 29/3/73

Johnny Hallyday est coincé dans un ascenseur et, en sautant, se déchire les ligaments plantaires. Il est obligé d'annuler le concert qu'il doit donner au Palais d'hiver de Lyon

■ 15/6/73

Johnny Hallyday donne une grande fête à Loconville pour ses 30 ans.

■ 19/6/73

Afin d'aider Bruno Coquatrix qui connaît des

problèmes financiers avec son Olympia, Johnny Hallyday chante dans cette salle gratuitement cinq soirs de suite.

■ 24/12/73

Johnny Hallyday chante *Noël interdit* à des millions de Français qui succombent en cette fin d'année au charme tranquille de l'idole des jeunes. 500 000 copies vendues.

■ 24/12/73

Johnny Hallyday et Sylvie Vartan ont un problème. Comment répartir les royalties liées aux ventes de « J'ai un problème » qui s'élèveront à 750 000 exemplaires en France ?

1972 : Johnny participe au film devenu culte de Claude Lelouch, "L'Aventure, c'est l'aventure", en compagnie de Jacques Brel, Lino Ventura, Charles Denner, Aldo Maccione et Charles Gérard.

réparer une fuite d'eau. Après quelques minutes d'incompréhension, il s'aperçoit que le gars n'est pas l'artisan tant attendu, mais un jeune parolier qui a travaillé toute la nuit, en urgence, sur un texte prévu pour une des musiques de Johnny sur laquelle un grand nombre de paroliers se sont déjà cassé les dents. Le temps pressant, et son entourage a demandé à cet énième auteur de porter lui-même son travail à la star. Après avoir vérifié le nombre de pieds, Johnny lui demande de lui chanter son texte sur la musique. Ce sera le début d'une longue et très belle collaboration entre Johnny et Michel Mallory. *Sauvez-Moi*, adapté de *Salvation*,

deviendra un moment fort dans la carrière du chanteur. Son apogée sera en 1979, au Pavillon de Paris, à la fin de la première partie du spectacle lorsque *L'Ange aux yeux de laser*, condamné à mort, implorera l'indulgence du tribunal en chantant *Sauvez-moi* à genoux, face au public, avant de se faire transpercer par un laser. Johnny compte bien surfer sur la vague du succès en réalisant son fantasme de créer une immense tournée comme l'a fait Joe Cocker quelques mois plus tôt avec l'incroyable « *Mad Dogs & Englishmen* ». L'équipe de la star française imagine un grand cirque avec un cortège de caravanes et de camions sur les routes de France.

“S’il vit une idylle avec Nanette Workman, sa tournée et son disque sont des échecs.

Cette entreprise foraine, qui débutera à Chantilly le 16 juin 1972, sera un fiasco financier total. Et comme une mauvaise nouvelle en cache souvent une autre, l’album « Country, Folk, Rock », qui sort au début de cette tournée, est également un échec commercial. Pourtant *Ma main au feu* aborde, sous la plume de Michel Mallory, l’incertitude et la remise en question. L’humilité comme fil rouge, sur une musique folk-country assez efficace. *Joe, la ville et moi*, toujours ancré dans l’*American Dream*, l’exode et le regret d’avoir quitté un jour son village d’enfance au profit de la ville. *Comme si je devais mourir demain*, dans la lignée de *Ma gueule* avec Nanette Workman dans les chœurs et le cœur du chanteur, *Sauvez-moi*, le chef-d’œuvre de Mallory, la version italienne du superbe Essayez de Philippe Labro – *E Dio crea la donna* –, ou *Comme un lion en hiver*, écrite par Eddy Mitchell.
Cette année 72 a un goût amer pour Johnny. Bien qu’il vive une idylle avec Nanette Workman, sa tournée et son disque sont des échecs et, comme pour enfoncer le clou, sa tante Hélène Mar décède. La solitude est aussi un moyen de se retrouver, même si elle est difficile à vivre. Effondré, il part se ressourcer aux États-Unis, loin de ses échecs. Ce sont les premiers depuis ses débuts, et il n’a plus sa mère d’adoption à qui se confier. Lorsqu’il revient en France, il s’attelle à construire un nouvel album en compagnie de son auteur Michel Mallory. Il a envie, comme une thérapie, d’évoquer ses états d’âme et ses blessures. Lorsque sort

En 1972, la tournée Circus passe par l’Italie.

1975, TF1
Johnny participe à l'émission "N° 1 à Michel Sardou" en compagnie de Michel et de Jane Birkin.

« Insolitudes », on découvre une pochette d'album attirante. Le chanteur est assis dans le coin d'une chambre, une guitare posée contre le mur bleu clair. Son regard semble lointain et triste. La chambre, comme pour se poser quelques instants dans l'enfance et retrouver ses racines... Cet album va servir à ça, mettre les pieds dans la terre pour savoir d'où il vient. La phrase « *Elle vient de là, elle vient du blues* » est aussi adressée à sa vie. « Insolitudes » va devenir le socle fondateur du renouveau de Johnny. Il est au sommet de son art. L'équilibre est de nouveau trouvé, Mallory est un tueur. Des mots calibrés qui touchent dans la bouche de son chanteur. Lee Hallyday fait appel au gratin des musiciens. Chris Kimsey est toujours aux manettes, et les cuivres de cet opus sont assurés par Jim Price et Bobby Keyes, la section de cuivre (avec Jim Horn), la plus demandée ! George Harrison, Joe Cocker, les Who, Eric Clapton et surtout les Rolling Stones ont tous fait appel à ces trois professionnels du souffle. Le résultat est à la hauteur de la détermination du boss. *La Musique que j'aime*, qu'on ne présente plus, donne le ton dès les premiers accords de la guitare de Rolling. Le texte écrit par Mallory et la musique d'Hallyday deviendront un hymne national, *Tu peux partir si tu le veux* impose un son digne des plus grands classiques américains. La puissance des

chœurs et de la production sont palpables. *Comme un corbeau blanc*, avec le son de la batterie torturé, trafiqué (comme sur *L'aigle noir* de Barbara). Effet menaçant, sombre, accentué par les violons et la voix explosive et ouverte de Johnny. *Le Sorcier maudit*, un faiseur de pluie très blues-rock toujours tendu. La réalisation est réussie. « *Le sorcier, le maudit/Il parlait au ciel chaque nuit/Et il pleuvait* ». Le slow à la pedal steel qui fera pleurer tous les adolescents qui n'ont que Johnny pour s'endormir, *La Prison des orphelins*. Il y a l'incendiaire *Le Feu*, un blues funk imparable, dont le groove est une machine de guerre. Les éructations du chanteur quand il hurle « *Le feu est dans ma peau !* » sont d'une sexualité torride. Il y a aussi cette ballade comme une main tendue, une demande officielle d'amitié. Johnny a vécu ces derniers mois en solitaire et a juste besoin d'un ami. *J'ai besoin d'un ami* sera la guimauve à déguster avant le café. Pour médiatiser « Insolitudes », le staff va concocter une tournée de folie. Quatre-vingt-quatorze dates, cinq Olympia pour aider son ami Coquatrix en proie à des soucis financiers à renflouer les caisses, un duo *J'ai un problème*, avec Sylvie Vartan, qui va devenir un énorme tube… Johnny ne ménage pas sa monture pour réparer les erreurs de l'année passée. Comme le chante Noir Désir, Johnny est un homme pressé, et il saute d'un concert à un enregistrement, d'une interview à un voyage aux États-Unis pour y faire de la moto et applaudir enfin son idole Elvis Presley sur scène. À un rythme effréné, il va sortir un nouvel album « Je t'aime, je t'aime, je t'aime », dont certaines chansons, *Prends ma vie* ou *Je t'aime, je t'aime, je t'aime*, seront enregistrées en Italie, à Rome, dans une cathédrale, pour capter l'acoustique si spéciale et surtout utiliser dans sa pleine dimension le grand orgue. Cet opus marque la dernière collaboration avec les studios Olympic Sounds. Johnny ne le sait pas encore, mais la seconde moitié des années 70 sera mouvementée et pleine de rebondissements.

“Le disco déferle, les grands groupes de rock explosent en plein vol… Johnny ne l'avait ni senti, ni prévu.

Au milieu des années 70, Johnny regarde le monde en pleine mutation. Il observe, songeur, la télévision qui annonce l'arrivée d'un nouveau mouvement hédoniste. Une musique faite pour la danse et le plaisir. Une musique exclusivement conçue pour les night-clubs. Le disco déferle sur la planète et ça, il ne l'avait pas senti ni prévu. Les grands groupes de rock ont explosé en plein vol, le rock s'essouffle, et le grand public commence à retourner sa veste, préférant les tee-shirts fluo aux blousons de cuir. C'est aussi à cette période musicale étrange que certaines minorités rock, réfractaires à cette nouvelle donne, vont durcir le ton. Les punks seront les plus grands opposants au disco. Johnny regarde, blasé, ce chamboulement planétaire et, même si il ne se sent pas atteint, il a de plus en plus de mal à se projeter dans un avenir même proche. Le folk, le blues, le rock'n'roll semblent être passés à la trappe et il est en trop bonne santé pour attraper la fièvre du samedi soir.

1974

■ 31/12/74
Johnny Hallyday reste dans la suite de « Que je t'aime », en inscrivant en tête des hit-parades français un nouveau slow, *Prends ma vie*, qui se vendra à plus de 430 000 copies

1975

■ 23/11/75
Maraine de ses débuts, Line Renaud remet un Disque d'Or à Johnny Hallyday, pour les ventes de son album « Terre promise », lors de l'émission de télé « Système 2 » : *L'histoire de Bobby McGee*, *Hey, Lovely Lady*, *Une fille sans importance*.

■ 25/12/75
Johnny Hallyday a une fois encore retourné sa veste musicale. Après avoir flirté avec les hippies en chantant *Jésus-Christ*, il se met au country-rock avec *Hey Lovely Lady*, qui se vendra à 504 000 copies. Sacré Johnny !

1976

■ 07/1/76
En ce début d'année, notons la percée fantastique de Johnny Hallyday qui, avec son opus Derrière l'amour, se classe pendant 13 semaines à la 1e place des ventes en France.

ANTENNE 2, 1976
Le 30 mars 1976, dans l'émission Système 2, Johnny continue à remonter la pente des années difficiles.

A près des années catastrophiques, Johnny part à la reconquête de son public

Johnny va prendre la bonne décision. Il pense aux punks et décide, comme eux, de durcir le ton en revenant à la source du « vieux » rock. Il va s'employer à enregistrer « Rock'n Slow » avec une fougue et une détermination hors du commun. Même si son entourage appréhende, le chanteur sait. Lorsque l'album sort en 1974, la pochette annonce la couleur. Blouson de cuir, col relevé à la Marlon Brando, lunettes de soleil qui laissent découvrir dans leurs verres les compteurs et le guidon d'une moto. Hommage affiché au rock et au King Elvis. Pour ne pas se louper, il fait appel à sa vieille garde de paroliers. Long Chris, Michel Mallory et Philippe Labro se ruent sur leurs pages blanches. *Rock'n'roll Man*, ouvre les hostilités comme une boule dans un jeu de quilles. Guitares rythmiques imposantes, section de cuivres précise et puissante, chœurs à l'américaine et un texte des plus explicites, un hommage au King : « *Il est entré dans la scène de ma vie/Dans le soleil d'un projecteur/Je n'étais qu'un enfant/Mais alors, j'ai compris/L'envie qui dormait dans mon cœur/J'étais un Rock'n'roll man* », et plus loin dans la chanson : « *Il m'a donné l'envie d'être ce que je suis/Et puis l'amour du rock'n'roll/J'ai chanté ses chansons/Et j'ai fait de ma vie/Comme sa vie, une course folle* ». Johnny est pour la première fois lui-même. Ceux qui m'aiment me suivent ! laisse-t-il entendre tout au long de ces treize chansons rock. Et le public va le suivre, forcément ! La sincérité avec son public a toujours été au centre de sa communication. *Honky Tonk Woman* reste campée sur les grandes émotions des Honky Tonks (ces endroits de danse et de musique où le blues, le rock et les femmes se mélangeaient, endroits de perdition pour les uns, de prédilection pour les autres). *17 ans* revisite le *You're Sixteen* de Johnny Burnette. Le piano façon bastringue et les cuivres font la danse, la voix de Johnny le reste. *À propos de mon père* est une déchirante façon de mettre enfin des mots sur ce père, Léon Smet, qu'il n'a jamais vu. Un manque comme une blessure ouverte qu'il tente d'évacuer dans cette chanson : « *Il était mon premier secret/Je disais qu'il existait/Et j'ai menti tant que j'ai pu/Pour ce père que je n'ai jamais eu* ». Johnny va organiser un grand voyage aux États-Unis. Puisque ce retour aux sources est un succès, il va s'installer dans la Mecque du rock, à Memphis, histoire de ressentir les bonnes vibrations de son maître à penser, Elvis Presley. Il installe son petit monde à proximité des studios, mais l'ambiance est des plus tendues. Long Chris et Michel Mallory ne s'apprécient pas vraiment et se livrent à une guerre impitoyable d'écriture. La concurrence a du bon, et Johnny s'en amuse jusqu'au moment où il décide de mettre fin à cette guerre froide en leur présentant les musiciens et le studio qu'il a choisis pour l'enregistrement du futur « Rock à Memphis ». Les musiciens américains sont assis près du bar, et les petits Français découvrent les pionniers du rock'n'roll, ceux qui ont fait naître les plus grandes chansons de l'histoire de la musique américaine. Même les Jordanaires (choristes d'Elvis) sont de la partie et regardent d'un œil un peu supérieur la bande parisienne. Pour casser la glace et mettre tout ce joli monde sur le même tempo, Jean-Pierre « Rolling » Azoulay empoigne une guitare et se lance dans un chorus du diable en solitaire. Lorsqu'il repose l'instrument, les Américains se lèvent et lui font une ovation. Le travail peut enfin commencer. En avril 75, la France découvre la carte postale musicale de Johnny. « Rock à Memphis » est un carton ! Treize standards brûlants repris par un Johnny au sommet de son art. La production est de classe internationale. *Dégage, Ma chérie, c'est moi, 37e étage, Jeanie Jeanie, et ta soeur, Adieu Miss Molly*, chaque reprise est une réussite. Un album qui se réécoute encore aujourd'hui avec un plaisir non dissimulé. Johnny a repris le contrôle de son image et se positionne très clairement dans l'industrie du disque. Il veut aller au bout de sa trilogie qu'il avait imaginée au départ. Après « Rock'n'roll Man », « Rock à Memphis », il compte bien couler le bronze de sa statue avec « La terre promise ». Pour la statue, il faudra attendre encore un peu. Même si ce dernier opus regorge de petites pépites, la terre promise n'est pas toujours là où l'on croit la trouver. Pas assez pour se lancer dans une grande tournée. *L'histoire de Bobby*

> **“Long Chris et Michel Mallory ne s'apprécient pas et se livrent à une guerre impitoyable d'écriture.**

■ 03/12/76
Johnny Hallyday transforme toutes ses chansons en or. *Derrière l'amour* (697 000 ex), *Gabrielle* (593 000 ex) et *Requiem pour un fou* (590 000 ex)

1977

■ 1/12/77
Adriano Celentano reprend avec son talent légendaire *Don't Play That Song* de Ben E. King (écrit par Ameth Ertegun et Betty Nelson). Chanson qui sera adaptée en français pour Johnny Hallyday, *Pas cette chanson*. Adriano en vendra plus de 983 000 exemplaires .

■ 05/9/77
Sortie du film L'animal de Claude Zidi avec Jean-Pal Belmondo, Raquel Welch et Johnny Hallyday

■ 11/12/77
Johnny Hallyday a pris un abonnement pour les meilleures ventes de l'année en vendant 669 000 exemplaires de *J'ai oublié de vivre* (un plagiat de *Everybody's Talkin* (69) de Harry Nilsson pour la BO du film *Macadam Cowboy*), et ses 550 000 copies de *Le cœur en deux.*

“En proie à de gros problèmes fiscaux, Johnny part, avec femme et enfant, à Los Angeles.

McGee aurait pu sentir bon le hit sacré, simplement Janis Joplin en avait fait une œuvre immortelle un peu avant. L'harmonica de Terry Lee McMillan est l'une des belles surprises de cet opus. Pourquoi cette « Terre promise » n'a pas eu le succès tant attendu ? La réponse est simple : les deux albums précédents avaient installé le chanteur dans un rock sans concession, en opposition à la mode du moment. Ce dernier album revient à une country plus classique, idéale pour les bals du Kentucky. Les Français ont toujours été indifférents à la country music. *Hey Lovely Lady* sera l'un des succès de l'hiver 75. Petit coup de cœur pour *Une fille sans importance* qui, l'année de mes onze ans, a perturbé quelque-unes de mes nuits blanches. En proie à des gros soucis fiscaux, Johnny partira, avec femme et enfant, s'installer à Los Angeles. Quelques mois plus tard, il est dans un studio parisien en compagnie de Jacques Revaux (le producteur de Michel Sardou), pour l'élaboration du prochain album. Son couple bat de nouveau de l'aile et cet enregistrement tombe à pic pour évacuer les pressions personnelles.

Lorsque « Derrière l'amour » sort, cela faisait longtemps que le chanteur n'avait pas eu autant de hits potentiels sous son Stetson. L'incontournable *Gabrielle*, en plage 6, est l'un des grands numéros 1 du répertoire de l'idole. « *J'ai refusé/Mourir d'amour enchaîné* ». Ce tube sera l'un des moments forts du chanteur lors de ses différents concerts. Aujourd'hui encore, la chanson fait des émules. *Joue pas de rock'n'roll pour moi* est une adaptation en français du classique de Smokie. *Requiem pour un fou*, Johnny l'a maintes fois mis en scène pour relancer son tour de chant. Une très grande chanson pour le spectacle. *Derrière l'Amour* est le slow de l'été par excellence. Qui n'a pas misé son quart d'heure américain sur cette chanson ? Le succès est de nouveau au rendez-vous et la star peut maintenant se concentrer sur sa rentrée scénique. Cela se passera au Palais des Sports en septembre 1976. Le spectacle a évolué. L'apport de nouvelles technologies en matière de lumière va apporter une autre dimension aux chansons. Celles et ceux qui ne l'ont pas vu depuis cinq ans vont en avoir pour leur argent. Johnny est heureux sur scène, cela se vérifie à chaque seconde du spectacle. La réussite est telle qu'un album enregistré en public sera mis en vente et obtiendra

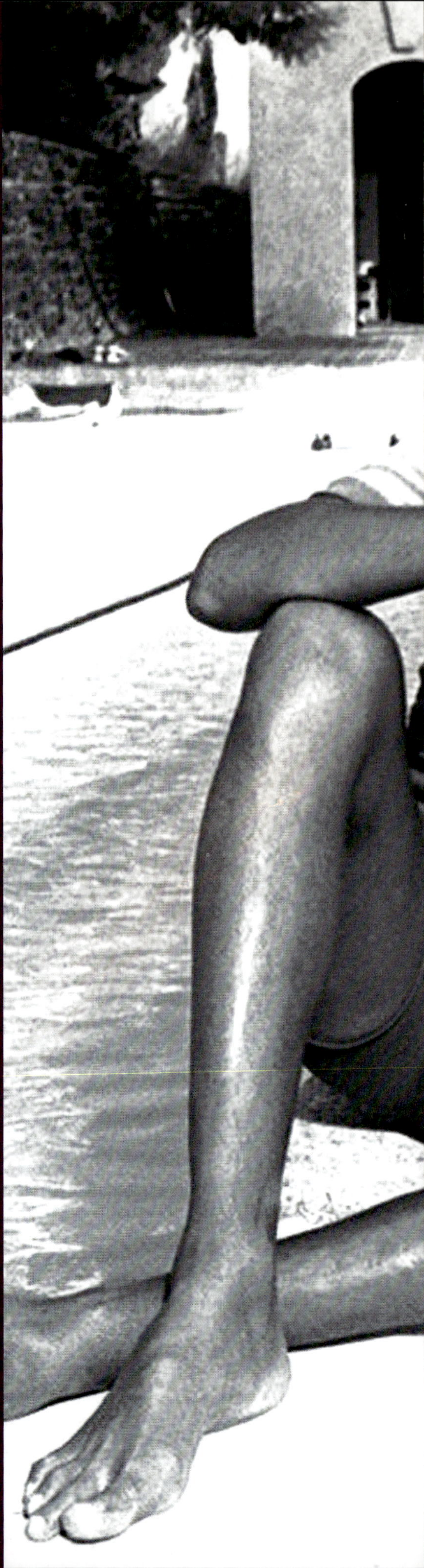

SAINT TROPEZ, 1977
Michel Sardou et Johnny s'offre un break sous le soleil de la Méditerranée.

1978

■ 16/12/78
Johnny Hallyday est beau comme un dieu en cette fin de décennie. *Elle m'oublie* est un slow qui se vendra à plus de 410 000 exemplaires .

■ 18/10/78
Tout le monde parle du show que donne Johnny Hallyday au Pavillon de Paris à la porte de Pantin. 250 000 personnes, en un mois et demi, viendront applaudir emmerveillés l'ange aux yeux de laser. Un spectacle remarquable en deux parties. *Sauvez-moi.*

■ 25/11/78
Un petit nouveau accompagne Johnny Hallyday à la batterie lors de sa dernière au Pavillon de Paris : David Hallyday. *L'ange aux yeux de laser, Sauvez-moi.*

1979

■ 14/12/79
Johnny Hallyday chante *Ma gueule* à la France entière. Le tube se vendra à plus de 456 000 exemplaires

Les Who cartonnent avec Tommy, Johnny veut son opéra-rock

À l'Elysée Matignon, en 1977, la fête bat son plein et les copains sont là : Johnny est au côté de Michel Sardou, Demis Roussos, Claude François et Jean-Paul Belmondo.

un très grand succès commercial. Enflammé, euphorique, Johnny veut maintenant s'attaquer à un autre chantier. Les Who avaient cartonné avec *Tommy*, il n'en fallait pas plus au Français pour convaincre son entourage de se lancer dans l'écriture d'un opéra-rock : *Hamlet* de William Shakespeare. Je me souviens. Terrorisé, j'écoutais en boucle le double vinyle, caché sous mes draps. L'album s'ouvre par les mots parlés du chanteur sur des cordes et des chœurs menaçants : « *J'ai aimé l'histoire d'Hamlet/Je ne sais pas exactement pourquoi/Il y a certainement des raisons/Des raisons profondes/Mais c'est sans importance/Je vais essayer de vous raconter cette histoire/Comme je l'ai ressenti, moi/Et vous la ressentirez comme vous voudrez, Vous* ». Puis un orage éclate et *Le Vieux roi est mort* s'impose. Les thèmes principaux de ce péplum tournent autour d'un personnage (proche du chanteur) hanté par le doute, la mort, la trahison, la solitude, l'amour et surtout la folie. Il faudra de nombreux mois à Gilles Thibaut et Pierre Groscolas pour enfanter ce drôle de mutant discographique venu d'une autre planète, d'un autre temps. C'est sûrement la plus belle œuvre du répertoire de Johnny, la moins comprise aussi. À sa sortie, les radios ne vont pas suivre l'artiste, et ce sera un cuisant échec commercial. « Hamlet » est un concept qui coûte cher à l'achat, et ses fans sont tellement sollicités qu'ils préfèrent faire l'impasse sur une œuvre étrange et provocatrice pour les années 70 en France. « *Les doigts gras tachent les corsages/Ils glissent de seins jusqu'en croupes/Les mains préparent le voyage/Les peaux s'appellent, les corps se groupent/D'après les mains, ils sont bien douze/À s'emmêler en sarabande/Ces apôtres de la partouze/Si pleins, si saouls, qu'aucun ne bande* ». On peut effectivement comprendre qu'après les paroles de Gabrielle, la pilule soit dure avaler pour son public. Et pourtant cet album est une réussite artistique totale, tant au niveau des paroles, des musiques que de la production absolument bluffante. Johnny aura raison quand il dira, durant plusieurs années, qu'« Hamlet » est le disque dont il est le plus fier.

« C'est la vie » s'inspire du succès du précédent album « classique » de Johnny. « Derrière l'amour » a eu un tel impact médiatique et commercial que Jacques Revaux applique les mêmes recettes. Bien que l'on commence à sentir un manque d'ambition très net dans les chansons, il se vendra lui aussi comme des petits pains, grâce, entre autres, à *J'ai oublié de vivre*, signé par un nouveau venu Pierre Billon, et *Le rock'n'roll est né*, dont le compositeur est un jeune chanteur métisse, choriste de Johnny, Érick Bamy. Érick deviendra la seconde voix de la star pendant des années. La voix des balances avant les concerts et pendant, lorsque

PAVILLON DE PARIS, 1979
Pour “L’Ange aux yeux de Lazer”, Johnny retrouve son public parisien : un succès .

4 OCTOBRE 1979
La folie Hallyday est en marche. Le chanteur fête ses vingt ans de carrière dans la peau d'un ange aux yeux de laser.

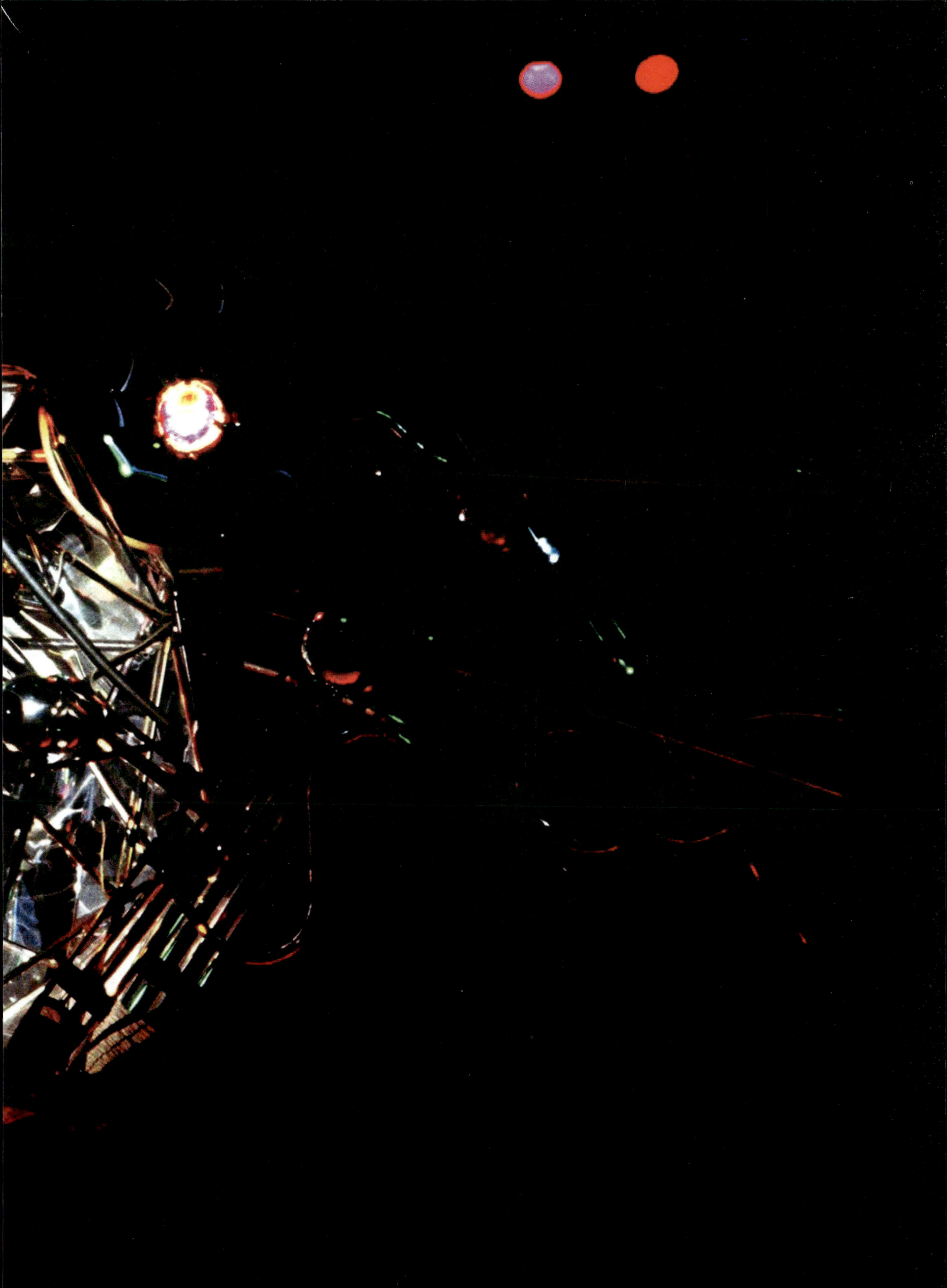

“Johnny domine les hit-parades avec l’adaptation de Old time Rock’n’roll de Bob Seger.

l’idole aura quelques coups de mou. Si puissante qu’on est interpellé par la similitude des deux organes. Malgré le succès, Johnny se sépare de Jacques Revaux. L’échec d’« Hamlet » y est sûrement pour quelque chose. Eddie Vartan prend les commandes du vaisseau et Michel Malory reprend la plume. Il servira le chanteur sur les deux albums qui vont suivre « Solitude à deux » et « Hollywood ». La fin des seventees approche et il faut se préparer au grand final. Pour combattre le disco qui domine le monde en cette année 1978, freiner les hardeurs destructrices des Sex Pistols et autres The Clash, ou rester dans le coup par rapport aux Police, AC/DC et autres Stray Cats ou Scorpions, Johnny prend le large et ralentit le rythme. « Solitude à deux » est un album dont l’amour est le thème majeur. *Elle m’oublie* de Didier Barbelivien est le tube nostalgique de l’opus. *Salut Charlie*, un hommage country rendu à un ami du duo Mallory/Hallyday. Richard Cocciante composera le superbe *Cet homme que voilà* ; *Revoilà ma solitude* apportera cette touche de tristesse qui plane tout au long de « Solitude à deux ». En cette dernière année de l’ère 70, Johnny va revenir une fois de plus au son des débuts. Il va dominer les hit-parades avec l’adaptation de *Old time Rock’n’roll*, de Bob Seger. *Le bon temps du rock’n’roll* deviendra un hymne de la Hallyday’s attitude. À part ça, rien d’exceptionnel à se mettre sous la dent. « Hollywood » est un album très moyen, et ce malgré les chansons *Tu n’es pas la seule fille au monde, Le Cœur comme une montagne, Ce que tu as fait de moi,* ou *Du même côté de la rivière*, qui auraient pu avoir meilleure presse.

Sylvie Vartan vient retrouver Johnny le soir de son dernier concert lors de sa tournée 1979.

Mais le sujet n’est pas là. Johnny a la tête ailleurs. En regardant le calendrier, il sait qu’il fête, en cette année 79, ses vingt-ans de carrière. Parcours qui mérite déjà le plus grand des respects. Il sait aussi que s’il doit faire un spectacle, il sera unique. Il veut jouer au Parc des Princes. Pas dans l’équipe du PSG, composée de Luis Fernandez, Mustapha Dahleb, Dominique Bathenay ou Dominique Baratelli, mais soliste, en vedette. Vingt ans de carrière se fêtent comme un prince, et Johnny semble avoir trouvé un parc à la hauteur de ses attractions. Seulement, pour des raisons administratives et de sécurité, le projet n’aboutira pas (encore). Ce que recherche le chanteur, c’est une salle susceptible de pouvoir accueillir sur plusieurs jours le plus grand nombre de spectateurs. Le Pavillon de Paris à la Porte de Pantin et ses huit mille places correspond aux attentes de la production. Le contrat est signé, le travail peut donc commencer. Au cinéma, *La Guerre des étoiles* bat son plein et le raz-de-marée de George Lucas va inspirer Johnny dans la conception de son show. Le 4 octobre 1979 débute la folie Hallyday, et le chanteur fêtera ses vingt ans de carrière dans la peau d’un ange aux yeux de laser. Thématique futuriste qui laissera le public ouvrir de grands yeux d’enfant durant la première partie, avant de s’enflammer lors de la seconde sur les standards rock de l’idole, accompagné d’un certain Gilbert Montagné. Le spectacle sera un immense succès, avec plus de 200 000 spectateurs venus applaudir l’ange au yeux de laser.

Les années 70 resteront sans conteste les plus belles années artistiques de Johnny.

27 JUILLET 1979
Johnny donne un grand concert sur le pont du porte-avions Foch. Derrière lui, un chasseur Étendard veille...

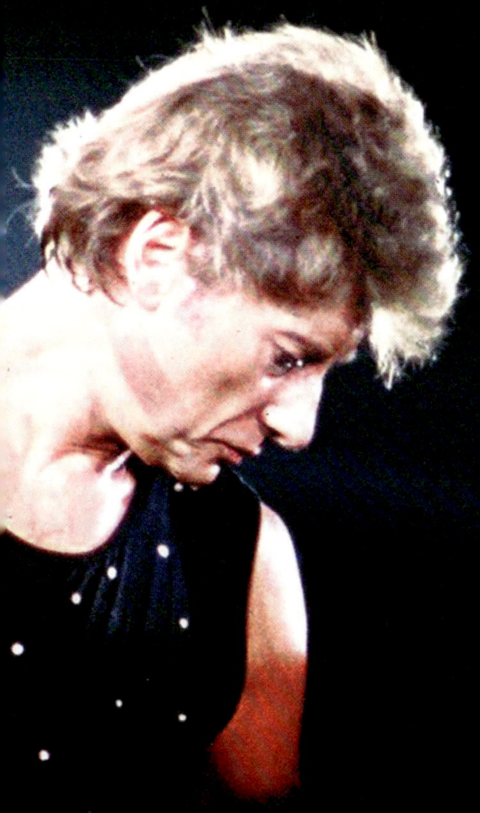

LES ANNÉES 80

Le temps de la métamorphose

1980

■ 24/11/80
Bob Seger donne un concert génial à Pantin auquel assiste son grand fan Johnny Hallyday, qui reprend dans son répertoire *Le bon temps du rock'n'roll*, de Seger, *Old Time To Rock'n'roll.*

1981

■ 13/1/81
Une rumeur répand la fausse nouvelle de la mort de Johnny Hallyday.

■ 26/11/81
Johnny Hallyday se marie en secondes noces avec Babette Étienne.

1982

■ 23/2/82
Record absolu pour le mannequin Babette et le rocker Johnny Hallyday :

mariés le 1er décembre 1981, ils ont divorcé le 23 février 1982. Pour la jeune Élisabeth Étienne, épouser Johnny c'est un conte de fées. Mais Johnny qui vient juste de se séparer de Sylvie Vartan, a du mal à cicatriser. Et le rêve tourne court. Incorrigible, Johnny avoue : « *Je ne suis pas doué pour la vie à deux.* »

■ 14/9/82
Johnny Hallyday joue à Mad Max au Palais des

sports de Paris pendant près de deux mois. Johnny apparaît dans le creux d'une immense main qui s'ouvre sous les applaudissements de son public. Moto, cuir et bagarre sont les thèmes de ce spectacle. *La Peur.*

Au matin de la dernière du Pavillon de Paris, Johnny savoure ses vingt ans de carrière en dégustant un verre d'orange pressé. Épuisé, il repense à cette dernière soirée au cours de laquelle son jeune fils David lui a fait la surprise de venir jouer de la batterie, sa femme et son pote Carlos ont même dansé sur scène à ses côtés. Le chanteur sait qu'une époque vient de se terminer. La peur du vide ? Johnny va se lancer dans une grande tournée à travers la France pour montrer aux années 80 qui se présentent qu'elles devront compter avec lui. Les concerts qui suivront seront très durs à suivre physiquement, d'autant plus que Johnny continue en parallèle à courir les studios d'enregistrement à la recherche d'un nouvel album, qui verra le jour courant 80. Est-ce dû au contrecoup de cette débauche d'énergie, mais « À partir de maintenant » est un album très décevant au regard de ce qu'il avait l'habitude de présenter dans les années 70. Où sont ses auteurs de prédilection ? Bien sûr, il va reprendre les chansons de deux de ses grands amis, *La poupée qui fait non* de Michel Polnareff, et *Je ne suis pas un héros* de Daniel Balavoine (version qui aura un immense succès lors de son concert à Bercy en 1990). À part ça ? Le grand désert. Un album insipide, bâclé et sans intérêt. Le succès du Pavillon de Paris est encore dans les cœurs ; les têtes, elles, doutent mais refusent de s'inquiéter. Johnny le sait, les années 80 sont différentes, les générations aussi. Le téléphone de Michel Mallory sonne de nouveau. Le chanteur le demande en urgence pour enchaîner avec un nouvel album. « En pièces détachées » ouvre le bal avec une reprise de Bob Seger, *Brave Strangers*, adaptée en français par Mallory : *Deux étrangers*. Mais la magie n'est plus là. Les temps changent et même les provocations – *Excusez-moi de chanter encore du rock'n'roll* – ne fonctionnent plus auprès du public. Les années 80 sont intraitables. La démocratisation des machines, les radios libres et le Top 50 vont ouvrir un robinet musical insensé. C'est la panique dans le clan de Johnny.

Mariage éclair entre Babeth Etienne et Johnny qui n'aura duré que trois mois. Johnny avoue : "je ne suis pas doué pour la vie à deux."

“Les radios libres et le Top 50 vont ouvrir un robinet musical insensé. C'est la panique dans le clan de Johnny.

JANVIER 1981
Après son passage sur Antenne 2, Johnny, toujours proche de ses fans, signe des autographes.

TÉLÉVISION 1982
Johnny rencontre sur un plateau de télévision Nathalie Baye. La jeune femme capture le cœur du chanteur en un regard...

La rencontre avec Nathalie : un vrai tournant dans la vie de Johnny

11 novembre 1982 au Palais des Sports de Paris : dernier concert de la tournée "Mad Max, le survivant". Johnny a invité ses amis Eddy Mitchell et Mort Schuman (au piano).

Plus la peur du vide est présente, plus ils sortent des albums à intervalles resserrés. « Pas Facile », comme un aveu d'impuissance, débarque dans un quasi-anonymat. Mort Shuman est pourtant de la partie, lui qui fut l'un des grands créateurs de tubes aux États-Unis, pour Elvis entre autres. C'est souvent dans la tempête que l'on mesure la stabilité d'une amitié. Johnny et Mallory se fâchent et se séparent. C'est Pierre Billon qui reprend les commandes du navire fantôme et essaie tant bien que mal de colmater les brèches et préparer du mieux qu'il peut le Palais des Sports, prévu pour le mois de septembre 1982. Il comprend aussi que les sons ont complètement changé et qu'il faut remuscler l'orchestration des futures chansons de l'ex-idole. L'arrivée des machines a profondément transformé l'oreille du grand public et il va falloir en tenir compte. « Quelque part un aigle » respecte ce changement musical. Philippe Labro, le journaliste poète, est de retour et insuffle une nouvelle énergie à Johnny avec *Mon Amérique à moi*, qui ne sera cependant pas ce que Labro aura fait de mieux dans sa carrière. *Montpellier* ou *La Caisse* ne casseront pas trois pattes à un canard non plus. C'est donc dans le doute et la tourmente que Monsieur Hallyday rencontre sur un plateau de télévision l'actrice Nathalie Baye. La jeune femme, qui ne ressemble en rien à l'univers dans lequel Johnny nage, retourne le cœur du chanteur en un regard. C'est aussi une période physiquement difficile à vivre puisqu'il sera victime d'une chute de moto et se fera opérer en urgence d'une hanche. L'opus « La Peur » sort en 1982, pour communiquer sur le spectacle de septembre. Le concept est en accord avec son temps. Après *La Guerre des étoiles*, c'est au tour de *Mad Max*, avec Mel Gibson, de cartonner au cinéma. Depuis 1979, les aventures de ce motard héros (dans un monde dévasté, chaotique, où s'entretuent les méchants pour de l'essence), emballent la planète entière. Il n'en fallait pas plus à Johnny, le fan de moto depuis l'adolescence, l'adepte de grandes virées en Harley à travers

1983

■ 15/11/83
Naissance de Laura, issue de l'union entre Johnny Hallyday et Nathalie Baye. Jean-Jacques Goldman écrira pour Johnny la chanson *Laura*, dédiée à sa fille, sur l'album « Gang », paru en 86.

1984

■ 26/10/84
Johnny Hallyday fait son premier Zénith de Paris, retardé d'une journée à cause des grèves. *Ne me quitte pas.*

1985

■ 1/4/85
Ce n'était pas un poisson ! Johnny Hallyday et Eddy Mitchell, nos deux grands pionners du rock'n'roll français, se retrouvent comme au bon vieux temps du Golf Drouot pour faire un bœuf mémorable au Printemps de Bourges. Le Printemps de Bourges qui, cette année-là, présente également Étienne Daho, Jesse Garon, CharlÉlie Couture, Paul Young, les Stranglers, Murray Head, les Calamités et Elliott Murphy.

■ 10/5/85
Johnny Hallyday présente *Détective* au Festival de Cannes, le film de Jean-Luc Godard qu'il a tourné avec Nathalie Baye.

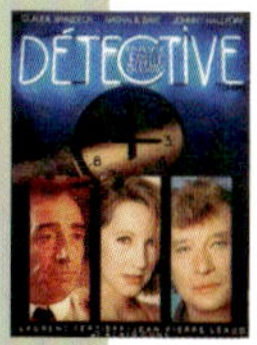

1986

■ 26/5/86
Le 33 tours de Johnny Hallyday « Rock'n'roll Attitude » est commercialisé. Ce disque, dont les titres sont signés Michel Berger, comprend son méga-tube *Quelque chose de Tennessee*, un hommage au romancier Tennessee Williams.

CÔTE D'AZUR, 4 AOUT 1981
Passionné de moto et de belle mécanique, Johnny se lance sur les routes de Saint Tropez au guidon d'un trike improbable.

WORLD

PALAIS DES SPORTS, 14 SEPTEMBRE 1982
Pour le premier concert de son nouveau show "Le Survivant", inspiré de Mad Max, Johnny n'a pas lésiné sur les effets : l'hémoglobine est même au programme.

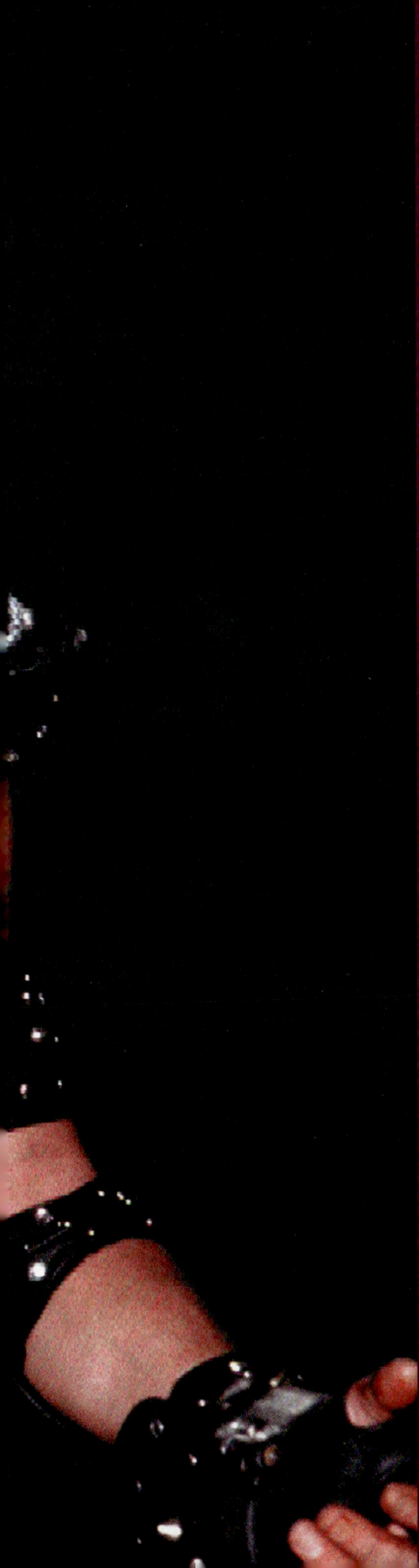

“La démesure des décors et des chorégraphies du show “Le survivant” laissent l’audience bouche bée.

les États-Unis, le collectionneur et consommateur de grosses cylindrées, pour se glisser dans la peau de ce Mad Max, pour poser les bases de son nouvel album et futur spectacle. Ainsi, l’album « La Peur » revient enfin au top des ventes en France, malgré, toujours, ce manque inquiétant de grandes chansons. Eddy Mitchell va adapter le classique du groupe sudiste Lynyrd Skynyrd – *Sweet home Alabama* – en *Carte postale d’Alabama*, *Il nous faudra parler d’amour un jour* est une jolie aubade à la Elvis Presley *Loving You*, *Le Survivant* et *La Peur* ne se justifieront que lors du spectacle. C’est dans une décharge de carcasses d’avions et de voitures, juste après le chaos mondial, que le public débarque le 14 septembre 1982. Le Palais des Sports accueille le Survivant, le cavalier de l’apocalypse qui va se battre et se débattre contre les forces du mal avant d’attaquer son show. La première partie est une fois de plus hallucinante. La démesure des décors et des chorégraphies laissent l’audience bouche bée. Sous le regard de sa nouvelle compagne, Johnny va battre ses propres records d’affluence, dépassant celle du Pavillon de Paris. Pari réussi pour l’équipe à Jojo, qui souffle un peu après les grandes angoisses discographiques. Le public semble bouder les disques, mais pas la scène. Johnny goûte le plaisir de cette nouvelle réussite avec Nathalie et décide un fois de plus de revenir en terre promise avec l’idée d’une nouvelle trilogie. Il se souvient du retour en force de son pote Eddy grâce aux musiciens de Nashville et surtout à Charlie McCoy, harmoniciste de génie, qui joue *Orange Blossom*, comme il respire. Il veut, malgré cette sale décennie, imposer ses idées d’outre-Atlantique. Il y a un public pour cela. Il fait donc appel au parolier Claude Lemesle, connu pour son travail avec Joe Dassin, Serge Reggiani, Mireille Mathieu ou Gérard Lenorman, ainsi qu’à Bernard Lavilliers, Bill Deraime et son équipe habituelle. Le premier volet de la série sort en 1983. « Entre violence et violon » obtient un bon succès critique. L’album est cohérent, mais ne décollera jamais. Peu importe, Johnny biberonne. Laura vient de naître (15 novembre 1983), et elle est magnifique. Les médias se ruent devant la clinique pour interviewer la star. Le jeune papa se présente en baskets, jean et polo. L’image du biker et de Mad Max n’est plus d’actualité. Par l’intermédiaire de

1986

■ 22/12/86
L'une des plus belles chansons du répertoire de Johnny Hallyday est en tête des ventes en France. Écrite et composée par Jean-Jacques Goldman, *Je te promets* se vendra à plus de 400 000 copies. Elle deviendra l'une des chansons références lors de ses différents concerts.

1987

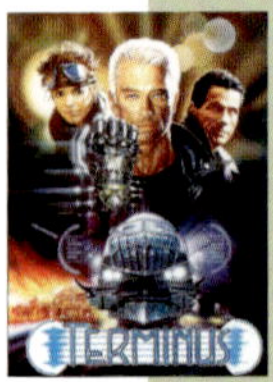

■ 4/2/87
Alors qu'arrive sur les écrans le film *Terminus* avec Johnny Hallyday, Alain Bashung choisit le Grand Rex comme étape parisienne pour *L'Arrivée du Tour* .

■ 15/9/87
Johnny Hallyday est à Bercy pour une série de concerts à guichets fermés. À 44 ans, l'idole des jeunes garde toute son énergie. Le guitariste de Trust, Norbert Krief, accompagne Johnny sur scène.

1989

■ 10/3/89
En raison du retrait dans plusieurs magasins de tous les disques de Véronique Sanson , Yves Simon lance un appel contre les intégristes de tous bords et incite à la tolérance. De nombreux artistes vont bientôt être solidaires, comme Alain Souchon, Alain Bashung, Johnny Hallyday, Eddy Mitchell, Étienne Daho, Jacques Higelin et Catherine Lara.

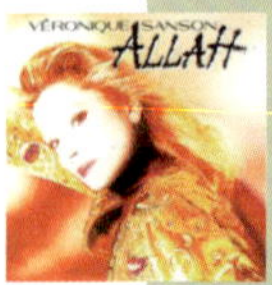

« Rien ne va plus au pays du rock'n'roll. Une sérieuse remise en question est à l'ordre du jour.

Nathalie Baye, qui tourne le film *J'ai épousé une ombre*, Johnny va interpréter la chanson du film. En 1984, le second volet de cette trilogie sort et, cette fois-ci (enfin), les papilles s'affolent ! Johnny est à Nashville et nous envoie une carte postale de Bob Seger (toujours lui), *Betty Lou is getting better* adaptée en français ; *Mon p'tit loup* est un hit en France. Mais ce qui est inattendu cette fois-ci, c'est le second album, associé à *Drôle de métier* (« Hallyday 84, en direct de Nashville »), qui, orné de duos incroyables enregistrés lors du tournage de l'émission « Les Enfants du Rock » – diffusée en mars 1984 sur France 2 à un horaire de grande écoute – va attirer l'attention. Johnny se frotte à l'un des pionniers du rock Carl Perkins, *Blue Suede Shoes,* à la plus belle voix de la musique américaine Emmylou Harris, *If you were a Carpenter*, au monstre du swamp Tony Joe White, *Polk Salad Annie, Nashville Blues* avec Don Everly, membre de l'illustre duo Everly Brothers, et *That's Allright Mama*, avec les Stray Cats. On se rend alors compte qu'Hallyday est à la hauteur de ses illustres maîtres ou collègues américains.

Après cette expérience enrichissante et passionnante, Nathalie la bienveillante va lui offrir un superbe cadeau en lui ouvrant les portes d'un monde qui se refusait à lui, le cinéma d'auteur. C'est avec *Détective* de Jean-Luc Godard que le jeune acteur Hallyday va faire ses premiers pas devant la caméra. Malgré cette nouvelle passion, le staff de Johnny travaille sur l'élaboration d'un nouveau spectacle afin de garder la star sur le devant de la scène. Le monde retient son souffle en découvrant la révolution Jackson. *Thriller* est sur toutes les lèvres, *Billie Jean* sur toutes pistes de danse et le clip de John Landis dans tous les esprits. *La nuit des morts vivants*, couplée au *Loup-garou de Londres* est d'une innovation sans pareil. L'esthétisme est présent à chaque seconde et Michael est le nouveau roi de la pop. Aussi, pour rester dans le bon train, la production de Johnny va faire appel au designer, homme de la mode et du cinéma, Hilton Mc Connico. Ce spectacle sera une nouvelle fois un péplum de lumières et de décoration. L'un des murs du Zénith de Paris est abattu afin de faire entrer un convoi exceptionnel. Un immense avant-bras et une main métallique de plus de quinze mètres de long et cinq de large sont

fixés à l'arrière de la scène à l'aide de vérins hydrauliques, de poulies et d'un système informatique nouveau. La main est recouverte d'un gant de cuir. Est-ce l'effet Jackson ? Quoi qu'il en soit, lors des dernières répétitions, porte de Pantin, je suis estomaqué par la puissance de la mise en scène et par cette innovation. Du fond de la salle, le poing s'avance, traverse la scène et s'arrête au-dessus des premiers rangs. Impressionnant ! Mais pour aller encore plus loin, sous les tonnerres d'applaudissements, le poing se met à pivoter, puis chaque doigt se déplie un à un. Lorsque la main est grande ouverte, on aperçoit le chanteur se lever et apparaître à l'intérieur de celle-ci. Imaginez l'hystérie du public sous cette débauche d'énergie et de spectacle. C'est grandiose ! Le spectacle se terminera

FESTIVAL DE CANNES 1985
Présentation du film "Détective" dans lequel Johnny a le premier rôle. À ses côtés, Jean-Pierre Léaud, Jean-Luc Godard, Nathalie Baye et Stéphane Ferrara.

avec un rappel en moto, *Whole Lotta Shakin'Goin'On*, du killer. Une fois dehors, les spectateurs sont sonnés, ivres de plaisir. Malgré cette première soirée réussie, les médias ne retiendront qu'une seule chose de ce spectacle, la reprise exceptionnelle de Jacques Brel, *Ne me quitte pas*, qui sortira en 45t. La France est attachée à son patrimoine et Johnny lui rend hommage d'une bien belle manière. Le show est donc installé au Zénith pour trois mois, mais l'hiver parisien est terriblement hostile en ce début 85. Johnny joue devant une salle à moitié vide et lorsque les beaux jours et le public reviennent, épuisé, il s'écroule sur scène en plein show. Rien ne va plus au pays du rock'n'roll. Une sérieuse remise en question est à l'ordre du jour. Depuis les années 60, la cadence des sorties d'album, les tournées gigantesques, les spectacles grandioses de plus de trois heures, la débauche d'énergie physique, les obligations médiatiques, les voyages aux États-Unis, sa vie privée mouvementée sont autant de gouttes d'eau qui vont faire déborder le vase. La vie lui envoie un signe, Johnny doit l'entendre très sérieusement. C'est le moment de tout remettre à plat et d'essayer de comprendre pourquoi il en est arrivé là. Pourquoi ses albums ne se vendent plus. Pourquoi il est obligé de se surpasser chaque soir. C'est le grand ménage dans l'entourage de la star. Nathalie met le pied sur le frein des fêtes interminables entre copains et Alain Lévy, le nouveau boss de sa maison de disques, décide de modifier le contrat qui le lie à la star, repense la gestion de la production. Terminés les

Lors de l'émission spéciale des "Enfants de Rock", Johnny chante en duo avec la plus belle voix de la musique américaine, Emmylou Harris.

ZENITH, 25 NOVENBRE 1984
Un immense avant-bras et une main métallique de plus de quinze mètres de long amène Johnny sur scène.

ZENITH DE PARIS, 1986
Lors du concert de Michel Berger, Johnny chante un duo avec celui qui donne une nouvelle orientation à sa carrière.

Avec Michel Berger, Johnny découvre une nouvelle façon de travailler

deux ou trois albums par an, exit les producteurs à la bonne franquette, amis du groupe. Il faut du calme, et surtout du temps au chanteur pour vivre sa vie et lui permettre de trouver les bonnes chansons. Lévy et Nathalie vont organiser une rencontre avec Michel Berger. Au bout de quelques minutes, Johnny propose à Michel qu'il lui écrive une chanson, pour voir. Ce dernier refuse en expliquant à l'idole médusée qu'il n'est pas un homme « à coups ». C'est la production entière d'un album ou rien. Michel Berger a des armes pour convaincre. Ses mélodies pour France Gall, Françoise Hardy ou Starmania ont été de gros succès, son élégance ainsi que sa personnalité mesurée emballent Lévy et Baye. Johnny accepte de s'en remettre totalement au talent du créateur de *La Groupie du pianiste*. Avant toute chose, il faut nettoyer en profondeur. La force de Johnny a toujours été ses spectacles. Pour avoir assisté au dernier, Michel Berger pose ses premières exigences. Le show est trop long, aussi bien dans le temps que dure le concert que dans l'empilement des dates des tournées. C'est du grand n'importe quoi. Personne ne peut tenir à ce rythme-là. Être performant chaque soir, c'est rester lucide et se préparer comme un sportif de haut niveau. La qualité plutôt que la quantité. Pierre Billon en fera les frais et sera remplacé par un certain Jean-Claude Camus. Du côté de l'image, le travail sera confié à Bernard Schmitt, ami de Jean-Jacques Goldman.

Cette nouvelle équipe a de la gueule, mais Johnny ne le sait pas encore. Il n'a jamais eu l'habitude de travailler avec des professionnels qui ne soient pas de sa tribu. Il ne dit rien. Il observe. Sur la pochette de l'album « Rock'n'roll attitude », on est attiré dès le premier regard par ce noir et blanc. Johnny a maigri. Pantalon de costume sombre, chemise blanche, cravate noir, brushing classe, le tout en mouvement sur des rails de chemin de fer. C'est la nouvelle attitude du chanteur, version Berger. Classe, posé, mature. Au même moment, le film de Godard *Détective* sort sur les écrans, est présent à Cannes et Télérama se permet même de lui consacrer sa une ! Première bonne nouvelle : celui qui gigotait dans les années 60 en hurlant devant un micro, est accueilli comme un acteur à part entière. En bon élève qu'il peut être, le chanteur-acteur semble posé, en paix avec lui-même.

« Rock'n'roll attitude » est donc l'œuvre d'une seule et même personne : Michel Berger. L'album

1986. Les cheveux péroxydés pour les besoins du tournage de *Terminus*, Johnny assiste au Festival de Cannes où il remettra la Palme d'or à Roland Joffé pour *Mission*.

ouvre par *Le Chanteur abandonné*, qui tape dans le mille dès les premiers mots : « *Tant pis s'il faut payer/D'avoir toujours donné/C'est beau et il le sait/De s'être abandonné/Vivre, c'est comme aimer/Vivre, c'est partager/Jamais abandonner* ». Mais il y a surtout l'une des œuvres majeures dans l'immense répertoire de Johnny. On touche du doigt la grâce avec *Quelque chose de Tennessee*. Nathalie Baye pose sa douce voix sur l'introduction et la magie opère. La France découvre, comme au temps des reportages chantés de Philippe Labro, une façon nouvelle de découvrir le monde. Berger jongle sur le mot *Tennessee*, l'état de prédilection du chanteur, mais surtout l'écrivain américain Tennessee Williams dont un certain nombre des œuvres furent adaptées au cinéma comme au théâtre (*Un tramway nommé Désir, Une chatte sur un toit brûlant, Eté et fumée, La Ménagerie de verre*), pour n'en citer que quelques-unes. « *Ainsi vivait Tennessee/Le cœur en fièvre et le corps démoli/Avec cette formidable envie de vie/Ce rêve en nous c'était son cri à lui* ». La puissance de

■ 9/4/89
Johnny Hallyday se fait voler sa Harley Davidson, livrée deux jours plus tôt. Il l'avait commandée sur mesure aux États-Unis et attendue pendant un an.

■ 30/4/89

A2 diffuse le premier épisode de la série télé *David Lansky* dans laquelle Johnny Hallyday incarne le rôle principal, celui d'un flic solitaire à la Clint Eastwood.

■ 15/6/89

Parution de l'album de Johnny Hallyday « Cadillac ». Premier 45 tours extrait : « Mirador », signé David Hallyday.

■ 2/7/89
Cadillac rend hommage à la Motor-Town, la ville de Detroit, capitale mondiale de l'automobile et de la Tamla Motown. Entre Étienne Roda-Gil et Jean-Pierre Bucolo, Johnny Hallyday impose son album durant 8 semaines à la 1e place des ventes en France. *Cadillac.*

■ 6/11/89
Les Enfoirés partent en tournée jusqu'au 14 novembre. Jean-Jacques Goldman, Johnny Hallyday, Michel Sardou, Eddy Mitchell et Véronique Sanson (les cadors de la chanson française) participent donc à l'opération des Restos du Cœur, en hommage à Coluche. Cette tournée donnera naissance à un album.

■ 24/12/89
Johnny Hallyday revient en force avec « Mirador », qui se vendra à 360 000 exemplaires.

CONCERT 1987
Après les shows démesurés, Johnny s'offre le plaisir de concerts plus intimes.

SAINT TROPEZ, 1988
Johnny profite des vacances pour relâcher la pression. Toujours disponible, il participe à une émission de FR3.

Johnny apprend vite : sa mutation lui apporte succès musical et cinématographique

C'est en 1985 que Johnny participe, en compagnie de Guy Marchand, au tournage de "Conseil de famille" de Costa Gavras.

la voix est en retenue, tout au long de la chanson pour enfin la laisser s'envoler à la fin... sublime ! *Aimer Vivre* deviendra un hymne sur scène dans un esprit gospel infernal qui nous invite à la transe, un must !

> **« Alors que tout semblait aller au mieux, le couple Hallyday-Baye explose en plein vol.**

Johnny est un homme intuitif et intelligent. Il apprend à vitesse grand V, et sa mutation va lui ouvrir les portes du succès musical et cinématographique, puisque Gosta Gavras le contacte pour lui proposer un rôle dans sa prochaine comédie, *Conseil de famille*. L'influence de Nathalie Baye est énorme dans l'évolution de son homme. Reconnaissons à César ce qui lui appartient. Bien décidé à ne plus lâcher la rampe du succès, Johnny va monter quatre à quatre les marches pour aller frapper à la porte de celui qui domine les débats musicaux au milieu des années 80. Cette dernière est ouverte, et le chanteur va donc entrer dans le monde de Jean-Jacques Goldman.

Mais dans les hauteurs, certaines personnes ne supportent pas le manque d'oxygène ni le vertige. Le couple Hallyday-Baye explose en plein vol, à la surprise générale, alors que tout semble aller pour le mieux. Johnny quitte la maison et s'installe chez un ami d'enfance. Dans la foulée, le nouveau film qu'il vient de tourner avec Pierre-William Glenn, *Terminus*, au budget colossal, est un cuisant échec. Heureusement, il y a le travail avec Goldman, plus en retrait que Berger mais tout aussi efficace. Cette collaboration donnera naissance à « Gang », album entièrement écrit, composé et produit par Jean-Jacques. Ce sera un immense succès pour le duo. Goldman est un brillant artiste, doué pour les mélodies, les paroles mais aussi pour sentir ce que le public attend.

14 NOVEMBRE 1987
Johnny reçoit la médaille de l'ordre national du mérite : Sylvie est toujours là pour les moments qui comptent.

“Pour ce cru exceptionnel, Johnny est récompensé d'une Victoire de la Musique comme artiste interprète de l'année.

Je *t'attends,* le premier single extrait de cet opus, rassure les fans mais ne contente pas les médias. Le compositeur va associer à Johnny l'une des grandes artistes du moment, qui cartonne avec *Sally*. Le duo Carmel-Hallyday, *J'oublierai ton nom*, va tout casser ! Ce sera le tube de l'été. Et ce ne sera pas le seul : Je te promets est le chef-d'œuvre de Goldman. Avec cette magnifique chanson, il a tout compris et atteint un sommet dans son écriture. La voix de son chanteur va l'emmener aux cimes de la chanson française. *Laura* aura aussi sa place en haut des hit-parades. Sans oublier le mastodonte des concerts, celui qui fera pleurer de plaisir des centaines de milliers de fans venus des quatre coins du pays, *L'envie*, véritable machine de guerre en forme de mea culpa que Johnny va transcender avec un talent inouï. « *On m'a trop donné, bien avant l'envie /J'ai oublié mes rêves et les mercis/Toutes ces choses qui avaient un prix/Qui font l'envie de vivre et le désir/Et le plaisir aussi/Qu'on me donne l'envie/L'envie d'avoir envie/Qu'on rallume ma vie* ». Musicalement, c'est du grand art. Construit comme une œuvre de rock progressif, la structure ne cesse de franchir des paliers en intensité avant d'exploser en emballant le rythme avec des arrangements dignes des plus grands classiques de la musique internationale (Paul McCartney, *Live and Let Die*). *L'envie* s'accorde en symbiose avec l'adrénaline masculine. Une sensibilité faite d'émotion forte et de virilité. Le dosage est parfait.

Lorsqu'en septembre 1988 Johnny entame *L'envie* au Palais Omnisport de Paris-Bercy, jamais de ma vie d'amateur des concerts de l'idole je n'ai ressenti autant d'émotions partagées avec 17 000 personnes en transe. Et ce sera ainsi à chacun de ses spectacles. Sa version au Stade de France 2009 est incroyable d'intensité.

Johnny recevra, pour cette année 88 exceptionnelle, La Victoire de la Musique du chanteur de l'année. Comme à la fin 70, Johnny explose les compteurs en cette fin de décennie 80. L'homme est devenu une institution en France. Il peut même se frotter sans complexe au public spécialiste du Festival de jazz de Montreux.

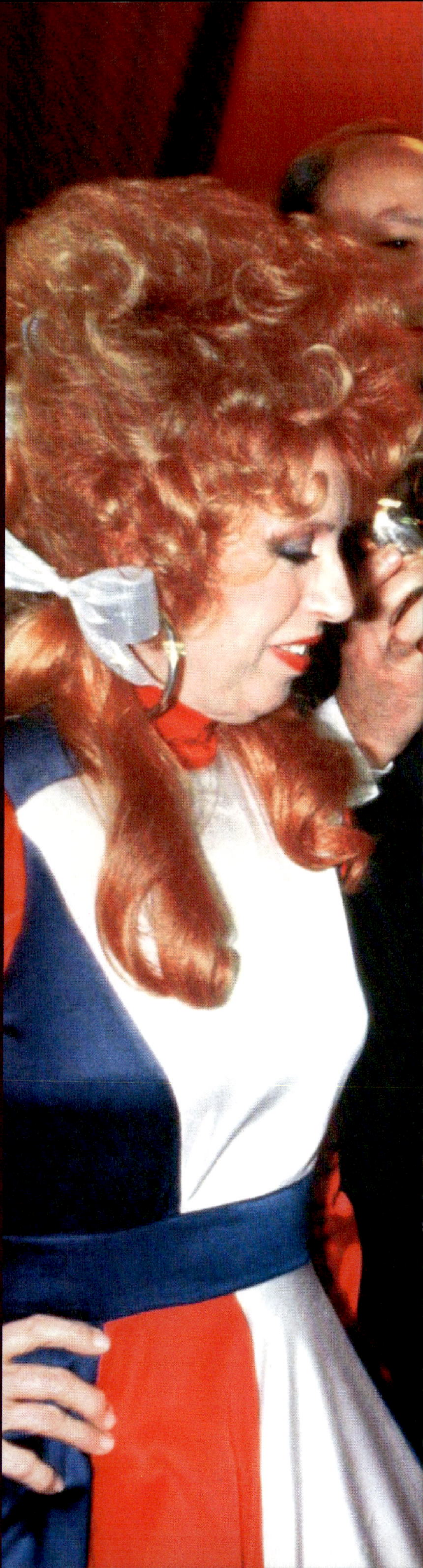

DÉCEMBRE 1987
Johnny reçoit sa Victoire de la Musique aux côtés d'Yvette Horner.

LA ROCHELLE, JUILLET 1988
Johnny participe au Festival des Francofolies, le public est là et Johnny lui montre son amour de la musique.

Les eighties lui ont apporté souffrance, amour, et une incroyable force mentale

En 1989, pendant la "Tournée des Enfoirés". La complicité entre Jean-Jacques Goldman et Johnny est totale.

C'est avec un autre ténor de l'écriture qu'il va s'associer le temps d'un disque. Auteur pour Julien Clerc ou Vanessa Paradis, Étienne Roda-Gil est un expert qui va s'atteler à trouver un thème fort qui puisse être aussi bien défendu sur disque que pour le nouveau Bercy, prévu à la rentrée 90. Le thème, Étienne va le définir assez rapidement. « *C'est l'histoire d'un p'tit gars comme toi* », chante Hallyday dans la chanson phare. L'histoire de ce Français, Antoine de Lamothe-Cadillac, qui avant d'avoir sa mémoire honorée par la célèbre marque automobile, se contenta de franchir l'Atlantique et, en 1701, de bâtir, une ville aux États-Unis qu'il baptisa Ville d'Etroit, qui deviendra ensuite Détroit, la mythique cité de l'automobile avec l'une de ses grandes marques, Cadillac. « *J'veux plus courber l'échine /J' veux plus saluer bien bas/Je veux plus qu'les gens d'en haut /Passent et me voient pas/J'vais semer aux Amériques/Je vais inventer des lois/Des métaux et des musiques/Je vais fonder Détroit/Cadillac /Il était comme ça Cadillac /Un petit gars/Né près d'Toulouse, Garonne* », *Cadillac*.

Une fois de plus, la chanson peut apporter un peu plus que du plaisir physique. En historien, Roda-Gil glisse à travers ce titre un autre regard sur l'histoire, aidé par une composition brillante de Jean-Pierre Bucolo, faiseur de tubes pour Cabrel ou Renaud. *Mirador*, dont le thème de la vie carcérale a toujours été important pour le chanteur, est l'œuvre de David son fils. « Cadillac » est un album différent de ses prédécesseurs. Plus brut, moins consensuel, il sera accueilli avec chaleur et surfera à la cime des charts français.

Le phenix renaît toujours de ses cendres Les eighties lui ont apporté beaucoup de souffrance, de l'amour, de grandes joies, des avertissements et une force mentale incroyable. L'homme a su rester humble pour que l'artiste devienne ce monument !

ERADOS
SOGECA

LES ANNÉES 90

1990

■ 2/11/90

Entamé avec brio le 12 octobre en banlieue parisienne, le Cadillac Tour de Johnny Hallyday passe par Lausanne, une des 42 villes que « Jojo » visitera en trois mois d'une folle tournée à travers la France et les pays limitrophes.

■ 9/07/90

Johnny Hallyday épouse Adeline Blondieau, la fille de Long Chris.

1991

■ 22/4/91

Première du film d'Hervé Palud "La gamine" avec Maïwenn et Johnny.

1993

■ 18/6/93

Johnny Hallyday a 50 ans. « *Il fait chaud ? Mais c'est vous qui me donnez chaud !* » lance Johnny sous les ovations de 50 000 fans. Avec 150 000 spectateurs sur trois jours, le Parc des princes s'est transformé en chaudron ardent. Trois soirs d'affilée, cette nouvelle arène du rock ne désemplit pas.

1994

■ 16/4/94

Johnny Hallyday épouse Adeline une seconde fois à Las Vegas. Le premier mariage avait eu lieu durant l'été 1990 à Saint-Tropez.

1995

■ 25/03/95

Johnny rencontre pour la première fois Laëticia Baudou qui va devenir sa femme.

Le sacre de la "rock'n roll attitude"

La fin des 80's est marquée par un retour aux affaires devant la caméra. Pas pour le cinéma, qui lui a discrètement refermé la porte depuis sa séparation d'avec Nathalie Baye, mais pour la télévision. « Les Guignols de l'info » vont faire de ce nouveau personnage l'un de leur « running gag » le plus réussi des années 90. Johnny dans la peau de l'inspecteur Lansky. Rien que le nom prête au sourire et à la caricature. Johnny adore Clint Eastwood, et les aventures de

“C'est le moment pour Johnny de disparaître aux États-Unis sur sa moto.

l'inspecteur Harry n'ont pas de secrets pour lui. Harry, comme Lansky, est un héros flic et voyou, dont les moyens de communication et d'arrestation sont pour le moins expéditifs. Malgré l'énorme campagne de promotion ainsi que le grand nombre de feuilletons prévus et déjà tournés, la série s'arrête au bout du quatrième épisode, faute d'audience. N'est pas Clint Eastwood qui veut et, surtout, les scénarios ne sont franchement pas à la hauteur de l'événement. Nouvel échec en ce début 90, mais grâce au succès de « Cadillac », les affaires tendent à s'équilibrer dans l'ensemble. C'est à cette période précise que Jean-Jacques Goldman va demander à Johnny de rejoindre la troupe des Enfoirés, qu'il tente de monter pour aider l'association de Coluche, fondée en 1985, Les Restos du cœur. Coluche est mort le 19 juin 1986, et il manque énormément à Jean-Jacques ainsi qu'à tous les artistes qu'il fréquentait. Johnny aimait l'humoriste. Ils étaient amis et le chanteur ne manquait que très rarement les fêtes qu'organisait le clown chez lui, à la grande époque. Eddy Mitchell, Johnny Hallyday, Véronique Sanson, Michel Sardou et Jean-Jacques Goldman vont triompher lors de cette première tournée qui terminera sa route au Zénith de Paris.

« *Moi je file un rancard/À ceux qui n'ont plus rien/Sans idéologie, discours ou baratin/On vous promettra pas/Les toujours du grand soir/Mais juste pour l'hiver/À manger et à boire* »

C'est le moment pour Johnny de disparaître aux États-Unis, pour une chevauchée sauvage sur son cheval mécanique. Car Johnny a toujours eu un gros faible pour les motos. On peut l'apercevoir

1980. La première tournée des Enfoirés avec Eddy Mitchell, Johnny Hallyday, Véronique Sanson, Michel Sardou et Jean-Jacques Goldman.

22 SEPTEMBRE 1991
Johnny a un petit air de David quand il rentre sur scène pour le concert qui fête les dix ans de la radio NRJ.

LES ANNÉES 90

■ 9/05/95
Johnny divorce officiellement d'Adeline.

1996

■ 12/02/96
Johnny remporte la Victoire du concert de l'année, pour Bercy 95 et le Lorada Tour.

■ 25/03/96
Johnny et Laëticia se marient à Neuilly-sur-Seine devant le maire de l'époque: Nicolas Sarkozy.

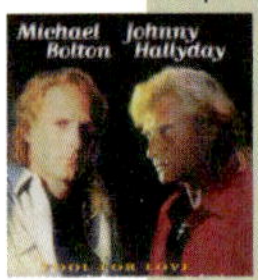

■ 24/09/96
Sortie de "*Requiem pour un fou*", en Duo avec Michael Bolton.

1997

■ 15/06/97
Johnny fête son anniversaire à Cuba avec des amis.

■ 13/09/97
Johnny devient grand-père pour une seconde fois avec la naissance de d'Emma, seconde fille de David et Estelle

■ 3/10/97

Johnny visite le Stade de France pour son futur spectacle.

1998

■ 4/01/98 Diffusion à la télévision du clip "Ce que je sais" de Johnny.

■ 28/01/98
Inauguration du Stade de France à Saint-Denis.

■ 12/07/98
La France bat le Brésil lors de la finale de la 16e Coupe du monde de football 3 buts à 0. La France est championne du monde de Football pour la première fois.

1999

■ 12/9/99
Johnny Hallyday revient avec l'album « Sang pour sang », n°1 des ventes en France .

HARLEY DAVIDSON,MAI 1990
Johnny a toujours adoré les motos, sans ostracisme, mais avec un faible pour les Harleys.

déjà, au début des années 60, sur des Harley. L'ado qu'il était épousait complètement le mythe américain. *Les Desperados*, club de Biker qu'il a fondé, fait le spectacle chaque fois que la horde se déplace. Les Bikers ont bonne presse quand Johnny est de la partie. C'est à Ramatuelle, au retour de ce long périple américain, qu'il va demander la main d'Adeline à son meilleur ami Long Chris. Johnny a vu naître et grandir Adeline jusqu'au jour où elle est devenue femme. Le mariage sera à la hauteur des shows de la star.

Le spectacle que va donner Johnny au Palais Omnisport de Paris-Bercy va s'appuyer sur le concept et le succès de l'album « Cadillac » paru en 1989. Pour Hallyday, les années 90 débutent par ce rendez-vous à Bercy et une tournée à travers les pays francophones. *Dans la chaleur de Bercy* s'ouvre donc dans un décor urbain, un mur traverse la scène de gauche à droite. Un mur recouvert de graffitis comme pour s'inscrire dans cette nouvelle décennie qui sera sous le signe du hip hop, mouvement qui déferle sur la planète. Ce sera le seul signe d'ouverture à l'époque actuelle. Ce concert est axé sur l'imagerie des États-Unis, de la moto. Durant ces deux heures de spectacle menées tambour battant, il va rendre hommage à Balavoine avec *Je ne suis pas un héros*, interprétera *Diego, libre dans sa tête*, chanson de Michel Berger, *Adeline*, parce qu'il est amoureux, et *L'envie*, pour terminer le show en beauté. *Dans la chaleur de Bercy 90* sera une réussite totale, reconnue aussi bien par le grand public (250 000 spectateurs) que par la presse.

Johnny est l'une des personnalités les plus aimées des Français. Battons le fer tant qu'il est encore chaud ! Le staff embarque le chanteur à New York pour enregistrer un nouvel album : « Ça ne change pas un homme ». La chanson qui donne son nom à l'album est écrite et composée par deux musiciens appréciés dans le métier pour leur travail, Serge Guirao et Art Mengo. Ce dernier est un formidable artiste qui a explosé dans les hit-parades au milieu des années 80 avec *Les Parfums de sa vie*. Fils spirituel du toulousain Claude Nougaro, Michel Art Mengo continue sa carrière solo avec talent et élégance. Contrairement aux trois précédents

“Le 2 août 1992, la France découvre aux informations la triste nouvelle : Michel Berger est mort.

albums, Johnny revient à ses anciennes habitudes de travail. Différents auteurs et compositeurs débarquent dans le giron du chanteur. Étienne Roda-Gil, Patrick Bruel, Tony Joe White, Chris Rea, Jon Bon Jovi, Art Mengo, Richie Sambora, Bryan Adams et Philippe Labro vont travailler sur cet album sombre et sans réels hits potentiels. Le film *La Gamine* de Christian Fechner, dans lequel joue Johnny est un nouvel échec. Décidément, le chanteur a un souci d'image avec le cinéma. Qu'importe, Jean-Claude Camus est déjà penché sur le prochain Bercy.

Le 2 août 1992, la France découvre aux informations la triste nouvelle. Michel Berger est décédé des suites d'une crise cardiaque après une partie de tennis sous le soleil féroce de Ramatuelle. Les médias comme le monde de la musique rendent hommage à ce grand auteur-compositeur. Johnny est effondré. Il sait ce qu'il doit à Michel, et une amitié profonde était née de cette collaboration entre les deux hommes réservés. C'est avec le souvenir de Michel que Johnny va se préparer pour sa rentrée de septembre à Bercy. Il va suivre à la lettre les conseils de son ami décédé : se préparer physiquement à ce rendez-vous. Bercy 92 s'ouvre par une introduction digne des plus grands spectacles de magie de Harry Houdini. Un ascenseur descend du haut plafond de la salle. Il s'arrête à dix mètres du sol, ouvre ses portes et laisse apparaître une pièce vide. Les portes se referment et la boîte reprend sa descente lentement sous la rythmique rock insufflée par les musiciens. Les lasers se déchaînent et, à quatre mètres du sol, une lumière s'allume à l'intérieur, laissant deviner en

Le 9 juillet 1990 Johnny épouse à Ramatuelle, Adeline Blondieau, la fille de son ami Long Chris. Après un divorce, ils se remarieront quatre ans plus tard.

PARC DES PRINCES, 1993
Johnny fête ses 50 ans devant la réplique du Golden Gate. Le Parc des Princes est en ébullition.

PARC DES PRINCES, 1993
Johnny fait son entrée par la pelouse. Noyé dans cette marée humaine, il avance sourire aux lèvres.

ombre chinoise la silhouette du chanteur. Bercy est en transe ! La porte s'ouvre et Johnny apparaît en costume noir à col d'argent et tee-shirt sombre. La musique impose une mélodie que le public reconnaît déjà, l'ascenseur est à terre, le chanteur pose les pieds au sol, salue ses fans, prend un micro est attaque *Voyage au pays des vivants*. Dès le premier pont, Norbert « Nono » Krief impose un solo de guitare hallucinant. Il donnera le ton à cette soirée endiablée. Avec un répertoire trié sur le volet qui fera revivre quelques succès oubliés comme *Voyage au pays des vivants, Hey Joe, Je veux te graver dans ma vie, La Guitare fait mal*, avec le regretté bluesman Luther Allison, *Dégage, Derrière l'amour* ou *Poème sur la 7e*, à la fin de laquelle il va se faire happer par une pince géante et emporter dans le ciel de Bercy, sous un tonnerre musical, de la fumée et des lasers. La référence au film *Soleil Vert* est encore plus flagrante sur cette dernière image !

Malgré toute l'ingéniosité du cascadeur Rémy Julienne et la prestation de haute volée du chan-

teur, tout le monde attend l'événement qui se prépare déjà dans le plus grand des secrets. Le public est déjà invité à « retenir sa nuit » du 18 juin 1993 ! Johnny et Jean-Claude Camus travaillent depuis un certain temps sur l'élaboration du spectacle qui fêtera ses cinquante ans (le 15 juin). À cette occasion, un projet de réédition discographique sans précédent sera mis en place pour le bonheur des fans et le malheur des comptes en banque. Une intégrale de 40 cd de l'idole sera même mise en vente par souscription et obtiendra 7500 demandes. L'intégrale se présentera sous la forme d'un étui à guitare noir avec un feutre rouge à l'intérieur. Une vraie merveille du genre ! Quatorze ans après son refus de se voir accorder le Parc des Princes, Johnny accède enfin à son fantasme. Être le prince dans son parc. En quelques heures, plus de 150 000 personnes achètent le fameux billet « Anniversaire », sans réellement savoir ce qui se prépare. Car si le secret est bien gardé, les rumeurs les plus folles vont bon train. Il suffit de se balader en Alsace, en pleine campagne, pour

PARC DES PRINCES, 1993

Sylvie est venue rejoindre Johnny dans une décpotable rouge assortie à sa robe : ils chantent *Le feu* dans un duo torride.

“Le Tout-Paris se presse au Parc des Princes : même Jacques Chirac adopte la “rock’n’roll attitude”.

David Hallyday vient lui aussi rendre un hommage à son père dans un duo franco-anglais très complice, *Mirador*.

apercevoir au détour d’une base militaire l’immense structure métallique qui commence à ressembler à l’une des merveilles du monde industrialisé : la réplique géante du Golden Gate Bridge, qui relie San Francisco à Sausalito, petit port de pêche très huppé de Californie. Il faudra une cohorte de convois exceptionnels, de grues, d’hommes pour acheminer, la nuit, les poutrelles et autres structures de ce décor immense. Lorsqu’en fin d’après-midi, le Parc des Princes ouvre ses portes, en ce 18 juin 1993, les premiers arrivés découvrent sous un soleil d’été une scène gigantesque servant de socle à ce pont rouge suspendu, d’une trentaine de mètres de long et de hauteur. Le Tout-Paris est au rendez-vous. Jacques Chirac, alors maire de Paris, adoptera le temps de cette soirée la « rock’n’roll attitude ». Des banderoles « Johnny, on t’aime… 50 ans ! » flottent aux quatre coins du stade plein comme un œuf. La pelouse n’est plus qu’un lointain souvenir, recouvert d’une foule compacte tournée vers l’Est, la mecque du rock’n’roll. Soudain, la foule gronde, les premiers coups de batterie se font entendre, les claviers attaquent la mélodie de *L’Idole des jeunes*, la guitare de Nono déchire l’espace et le monde frémit. Où est la star ? Les poursuites se focalisent sur la foule, à l’opposé de la scène, et on s’aperçoit avec stupeur que Johnny est sur la pelouse, entouré de ses gardes du corps. Les fans mettent quelques secondes à comprendre que leur icône est à quelques mètres d’eux. Il avance, sourire aux lèvres, noyé dans cette marée humaine qui commence sérieusement à tanguer. Les mouvements de foule sont toujours très difficiles à gérer, la sécurité avait prévenu le chanteur. Accroché à la star, Jean-Claude Camus n’a pas sa tête des meilleurs jours. La pression infligée par le public, devenue tempête, semble inquiéter, voire terrifier le producteur qui au fur et à mesure qu’il traverse la pelouse devient de plus en plus blême. Les derniers mètres seront même critiques, chaotiques. La sécurité ne peut plus protéger Johnny, et le chanteur commence à se faire happer par les centaines de mains qui veulent le toucher, l’agripper. C’est en les repoussant, en se dégageant, en s’accrochant au dos d’un colosse de la sécurité qu’il va difficilement passer au-delà des crash-barrières, pour enfin grimper les marches qui le mènent à la méga-scène. Le temps de reprendre son souffle, de se recoiffer et de prendre son micro HF, il se lance dans l’interprétation de *L’Idole des jeunes*. Il est à sa place. Johnny est ému, touché, et le public est en pleurs. Ce début d’anniversaire est émotionnellement très fort. Le message est clair. Il est né dans la rue, devenu star grâce au peuple, il désirait malgré les réticences de la sécurité rester à la hauteur de ceux qui l’ont toujours aimé. Cette traversée symbolique est à l’image du chanteur. À la fin de cette première chanson, il regarde son public et lance : « *Bienvenue au Parc des Princes, ça va être un anniversaire pas comme les autres !* », avant d’entamer avec fougue *Je suis né dans la rue*. Pour contenter son public, il va proposer quelques medleys bien choisis de ses anciens succès, va inviter tout au long du show quelques amis pour

Du pont du Golden Gate aux quais de New York, Johnny cultive sa passion de l'Amérique

C'est à New York en février 1998 que Johnny tourne le clip de sa chanson "Ce que je sais".

partager ce moment unique. Le premier, Joey Greco (l'un des membres de son tout premier groupe), proposera un solo torride sur *O Carole*, des dizaines de Harley débarquent sur le pont suspendu et leurs bikers se lanceront dans une bagarre générale à la *West Side Story* sur *La Bagarre*, son fils David arrive sur scène pour chanter dans un duo franco-anglais *Mirador*. Les deux hommes sont face à face et on lit dans les yeux de l'artiste devenu père, le temps d'une chanson, une intense émotion. Après s'être étreints, le fils s'en prend à la batterie pour marteler, tel le batteur du Muppet Show, les rythmes de *Ma jolie Sarah*. *Requiem pour un fou* sera ovationné ! La fameuse main articulée du Zénith refait son apparition avec, à l'intérieur, une danseuse nue, dont les dessous juste tatoués attirent tous les regards. *Gabrielle* sera interprétée avec cette danseuse sexy accrochée au chanteur, Une soixantaine de saxophonistes, trombonistes et trompettistes débarqueront pour souffler avec puissance les notes de *Noir c'est noir*, l'hommage vibrant à Michel Berger, *Tennessee* (le regard du chanteur est triste et ému), *Elle est terrible* avec l'arrivée surprise, dans une américaine décapotée, de Sylvie Vartan en robe rouge. Elle enchaînera a capella *Tes tendres années*. Ces deux-là s'aiment encore... Ils ont vieilli, mais les regards ne trompent pas. Front contre front, Sylvie lui chante les yeux dans les yeux des mots d'amour. Ils vont ensuite chanter *Le Feu*, dans un duo torride. Paul Personne en guitariste de blues d'exception, va donner le change aux vieux potes d'enfance Eddy et Johnny. Ils s'amusent comme des gamins, ces trois-là ! *Excuse-moi partenaire* est un moment formidable. Toutes les Harley reviennent sur le pont suspendu, quand *Toute la musique que j'aime* attaque ses premiers accords. Nono, Abrial et Personne se partagent entre rock et blues les parties de guitare de cet hymne hallydien. Les bottlenecks glissent sur les cordes pendant que des flammes surgissent de la scène. Pour le rappel, Johnny interprète *L'Envie*, puis, sous un déluge de feu, *Rock'n'roll Man*, et *Le Bon temps du rock'n'roll*, avant de casser sa guitare sur le sol et de la lancer dans la foule. Ce n'est pas avec le PSG que l'on risque de vivre ce genre d'émotion au Parc des Princes.

Après cet incroyable anniversaire, Johnny veut s'attaquer maintenant à l'Europe en enregistrant à Los Angeles, avec Chris Kimsey, un album en anglais « *Rough Town* ». Cette musique qui vient de

LES DESPERADOS 1994
Accompagné d'Adeline, Johnny se rend au mariage de l'un de ses amis biker du club des Desperados.

“En mai 1995, Johnny trouve enfin celle qui va le stabiliser. Elle s'appelle Laeticia.

là, du blues, va être la trame de cet opus. Associé à des musiciens de renom, il va se lancer dans une tournée européenne qui passera par la Cigale à Paris. Loin de la débauche d'effet spéciaux, les fans vont pouvoir voir leur star, sur scène, revenir à l'essentiel. L'amour de la musique sans fioriture aucune. Malgré de bonnes critiques, le disque ne se vendra pas. On l'aime en français, Johnny. Lorsqu'il chante en anglais, il devient un artiste comme les autres. Johnny accepte très mal ce nouvel échec qui coïncide à son instabilité affective.

Mais, en mai 1995, il va tomber en amour pour une très jeune femme, la fille d'un de ses amis. Elle s'appelle Laeticia et le chanteur va enfin trouver celle qui va le stabiliser, le rassurer. Son hacienda est terminée. « Lorada » sera logiquement le nom de son prochain album. Le décor de cet opus a des couleur de blues et de blues-rock sudiste. Les guitares sont posées comme les pierres qui ornent le crossroad de Robert Johnson. La magie n'est cependant pas présente. *J'la croise tous les matins*, de Jean-Jacques Goldman sera le seul titre à sortir du lot. Le nouveau spectacle qui ouvre le *Lorada Tour* à Bercy réconciliera Johnny avec son public. Nouvelle idée, nouvelle façon de concevoir la scène. Johnny garde le bain de foule du Parc des Princes dans son cœur et tient à être encore plus près de son public. Un immense anneau circulaire, relié à un grand cadre d'acier, permet au public d'entrer à l'intérieur de ce dernier pour être au cœur du spectacle. Tout au long du show, Johnny tournera autour de ses fans. Il se paiera même le luxe de refaire le coup du « Elvis Come-Back 68 », en interprétant avec ses nouveaux musiciens américains (rencontrés sur *Rough Town*), un set acoustique de ses plus grands classiques. Hallyday revisitera l'un des chefs-d'œuvre du patrimoine français, *L'Hymne à l'amour* d'Édith Piaf. Ce sera un Bercy grand cru. La tournée d'été du *Lorada Tour* débutera à La Rochelle lors du festival des Francofolies. C'est à cette période que je vais partager la route de Johnny durant deux mois d'une intensité folle. Costume zébré, crinière blonde, le physique sec, Johnny est à l'eau et s'entretient tous les jours avec son coach privé. Je vais même avoir le privilège de lever de la fonte en sa compagnie. Malgré sa fatigue due à une tournée intensive, Johnny doit garder le rythme et la forme. Son nouvel objectif lui tient à cœur.

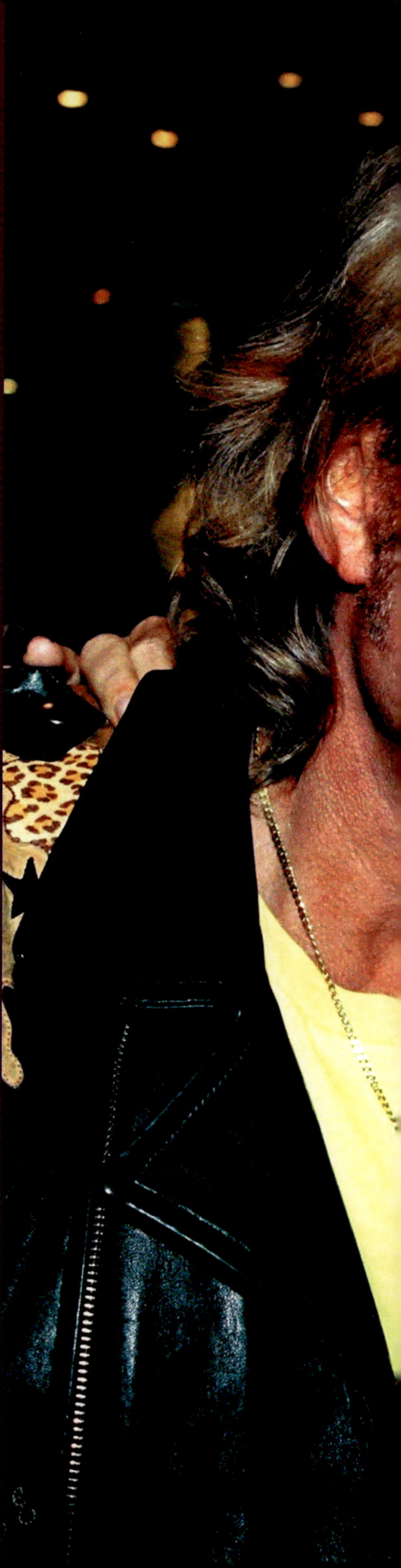

JOHNNY ET LAETICIA 1995
Johnny rencontre en 1995 Laëticia qui deviendra sa quatrième femme moins d'un an plus tard, le 25 mars 1996.

SAINT-TROPEZ, 1998
Dernier moment de détente avant la préparation du Stade de France.

TOURNAGE 1998
Johnny soulève de la fonte pour le clip de "Allumer le feu". Il est alors dans une forme éblouissante.

« Meurtri et blessé dans l'âme, il doit se remettre au travail et redoubler d'efforts.

Destination Vegas est un projet fou. Jeunes mariés, Laeticia et Johnny partent en repérage dans la ville du rêve, là où sont passés ses héros de jeunesse : Elvis Presley, Franck Sinatra, Dean Martin. Las Vegas est un rêve pour le chanteur français. Mais comment remplir une salle de spectacle dans un pays où personne ne le connaît ? Camus a une petite idée sur la question. Faire venir son public de France. Le 18 novembre 1996, le premier charter exceptionnellement baptisé « O'Carole » décolle de Roissy avec, à son bord, les premiers fans de Johnny. Au total, 6000 personnes suivront la star dans sa folie. 1000 euros par personne pour la petite virée ; espérons que Johnny est conscient de la fidélité de ses ouailles. Le 24 novembre, au Alladin Theatre de Vegas, Johnny va donner un concert à ses fans hystériques, devant quelques Américains qui ont visiblement du mal à comprendre l'enthousiasme de ces Frenchies pour un artiste qui apporte une pâle copie de ce qui se fait ici. Le décalage est bizarre à voir. Le service d'ordre, peu habitué à voir des fans désorganisés et hystériques, fait preuve d'une grande froideur, pour ne pas dire d'autorité excessive. La salle n'est pas franchement accueillante, plutôt glaciale. Avec le décalage horaire, la chaleur et les précédentes nuits de fête, l'ambiance est étrange. On se demande bien comment Johnny va faire pour nous sortir en beauté de cette soirée pas franchement bien partie. L'avant-concert raté de Paul Anka, qui va ramer pour combler le retard inexpliqué de Johnny, va mettre le public en colère et les sifflets seront de mise. La décoration est quasi inexistence, déstabilisant pour un concert qui se passe justement dans la ville du rêve et du spectacle. On sent la production au bord du four, limitant les gros dégâts financiers. Ce que le public craignait se révèle sur scène. Johnny n'est pas à l'aise dans ses bottes ; trop de pression, trop de nouvelles chansons et un manque de concentration vont empêcher la mayonnaise de prendre. La déception sera grande au petit déjeuner du lendemain. Les fans se sentent floués et la colère flirte avec la tristesse et l'épuisement. Les 6000 personnes n'ont plus rien à faire ici et s'impatientent de rentrer. Le retour en France sera long. Les ventes du disque de « Destination Vegas » seront catastrophiques. En boycottant le disque, son public lui lancera un message fort. Meurtri et blessé dans l'âme, il doit se remettre au travail et redoubler d'efforts.

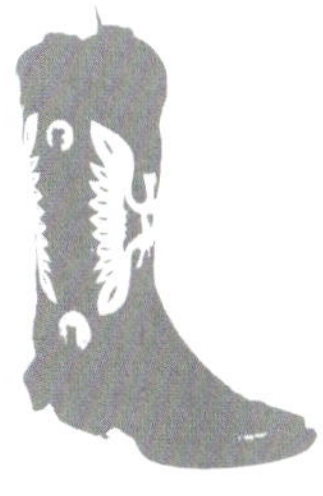

STADE DE FRANCE, SEPTEMBRE 1998
Pendant le concert, Johnny fait vrombir une splendide Harley Davidson.

HD

“Le fiasco de Vegas hante les nuits blanches de Johnny.

Le Stade de France sera le lieu idéal pour se faire pardonner. L'endroit est immense, mythique. Le 12 juillet 98, date à laquelle la France est sacrée championne du monde, cette Coupe du monde de football permet au monde de découvrir le plus grand joueur de l'histoire, Zinédine Zidane, et le Stade de France.
Trois soirées sont prévues pour ce gigantesque retour aux affaires de Johnny. Des concerts en plein air. Mais la veille de la première, un déluge s'abat sur Saint-Denis et la production devra tout démonter afin de protéger le matériel. Le vendredi est annulé. Johnny et Camus sont dans tous leurs états. Le premier, pour des raisons personnelles. Le fiasco de Vegas hante ses nuits blanches et il s'est préparé comme un athlète pour ces rendez-vous hors du commun. L'autre, pour des raisons pécuniaires. Le producteur à mis sa carrière et ses deniers personnels sur la table pour mettre au monde ce spectacle qui repousse encore plus loin les limites de l'imaginaire. Cela coûte une fortune et il n'envisage pas une seconde de devoir rembourser les 250 000 personnes qui ont déjà payé leur billet. Mais lorsque Johnny se réveille le samedi matin, il regarde par la fenêtre et admire enfin le ciel bleu au-dessus de Paris. Pas un nuage à l'horizon. Les dieux sont avec lui et il compte bien leur rendre la pareille.
Une ville futuriste (un Centre Pompidou en 2040) de 120 mètres de large et de 30 mètres de haut accueille les milliers de fans qui accourent dès l'ouverture des portes. La structure gigantesque est la plus impressionnante de la carrière scénique du chanteur. Luc Delemazure s'est une fois de plus surpassé. Cette vision de l'édifice est déjà un spectacle à lui tout seul. Une route surélevée part de la l'immense scène pour s'enfoncer au milieu du stade. 60 mètres pour être au cœur de la foule

Stade de France, septembre 1998. En trois soirées, 240 000 fans viendront rendre hommage à leur idole.

STADE DE FRANCE, SEPTEMBRE 1998
Malgré une soirée reportée à cause d'un déluge d'eau, Johnny pourra saluer son public et s'offrir l'un des plus beaux succès de sa carrière.

DERNIER CONCERT AU STADE DE FRANCE 1998
Le Stade de France se termine en apothéose, le succès est immense.

Malgré la pluie battante, Johnny donne l'un de ses meilleurs concerts

compacte et tendue du Stade de France.
Lorsque les premiers sons de l'introduction du concert retentissent, les 80 000 personnes ont les yeux dirigés vers le ciel bleu de la capitale. Ils cherchent dans le vide. La sono diffuse avec la musique le bruit d'un hélicoptère en approche. Soudain, on aperçoit l'appareil tourner autour de l'enceinte, puis se stabiliser à quinze mètres du toit. Les écrans géants diffusent alors les exploits de l'idole accrochée à un harnais de sécurité, descendant doucement dans le vide. Le public est sous le charme et l'ovationne. Le Stade de France gronde de plaisir. Une fois posé sur le toit du grand stade, il se penche sur la balustrade prévue et salue son public en transe, acquis à sa cause. Soudain des flammes et de la fumée jaillissent autour de Johnny dans un vacarme ahurissant, dix secondes plus tard c'est le même tonnerre de flammes et de son au niveau de la scène cette fois-ci. Lorsque la fumée semble se dissiper, Johnny apparaît par en dessous, montant doucement grâce à un élévateur. Comment a-t-il pu faire pour descendre du toit et se retrouver sur la scène en moins de trente secondes ? L'illusion est totale, le public en redemande et Johnny va lui en donner cette fois pour son argent. *Toute la musique que j'aime* en ouverture, histoire de mettre tout le monde d'accord. Après le medley R&b, il va booster en compagnie de Lionel Richie un classique *Knock on wood*, puis faire venir sur scène son nouvel ami Pascal Obispo pour un duo « rock'n'roll attitude », suivi de *Et puis je sais avec* Patrick Bruel ou encore *Le Pénitencier* avec Florent Pagny. Un orchestre symphonique et un chœur immense porteront, entre autres, *L'Envie* ou *Requiem pour un fou* avec Lara Fabian dans une autre dimension, l'époque magnifique d'*Hamlet* (la prestation de Lara sera l'un des moments forts du spectacle), *J'la croise tous les matins* en duo avec Jean-Jacques Goldman. Spectacle gigantesque, plus de trente-cinq chansons envoyées comme un boulet de canon pour un final inouï avec *Allumer le feu*, sous un déluge de feu. « *Je voudrais vous dire, avant de vous quitter, que vous êtes des gens formidables, que cela fait plus de trente ans que j'existe grâce à vous, sans vous je n'existerais pas, et je vous aime du fond du cœur. Je voudrais vous dédier cette chanson.* » *Sur ma vie* refermera ces folles soirée, gâchées par l'annulation du vendredi pour cause de mauvais temps. Cette date sera reportée au vendredi 11 septembre où, malgré la pluie battante, Johnny, cette fois-ci, ne reculera pas et donnera l'un de ses meilleurs concerts. Hallyday le grand terminera une fois de plus la décennie comme une star. Le phénix est toujours là, près à affronter le nouveau millénaire. Déjà tant de routes empruntées et tant de lui laissé. Il ne peut plus reculer. Johnny ira jusqu'au bout ; sa vie est là, sur scène.

L'un des moments forts du concert de Stade de France : le duo torride avec Lara Fabian.

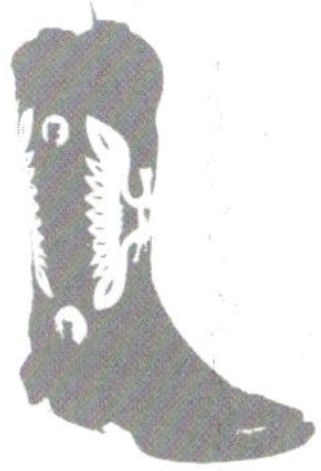

LES ANNÉES 2000

En route vers le show ultime

2000

■ 29/1/00
Johnny et Michel Sardou assistent ensemble au concert que donne leur ami d'enfance Eddy Mitchell à Bercy

■ 5/2/00
L'album "Sang pour sang", vient de dépasser le cap des 1.500 000 exemplaires vendus.

■ 23/2/00

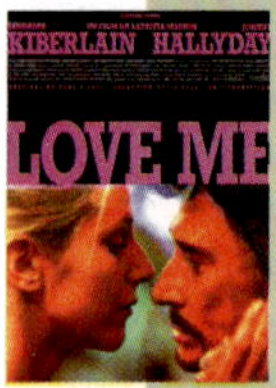

Sortie du film "Love Me", de Laëticia Masson, avec Sandrine Kiberlain, Jean-François Stévenin et Johnny Hallyday.

2001

■ 17/2/01
Johnny Hallyday est récompensé par une sixième récompense pour le meilleur spectacle de l'année avec "Johnny à la Tour Eiffel"

■ 25/2/01
« L'odyssée des Enfoirés » est n°1 des ventes en France pendant 5 semaines. *Que je t'aime* et *La Fille de l'été dernier* de Johnny Hallyday, *Mon vieux* de Daniel Guichard, *La Corrida* de Francis Cabrel, *Évidemment* de France Gall…

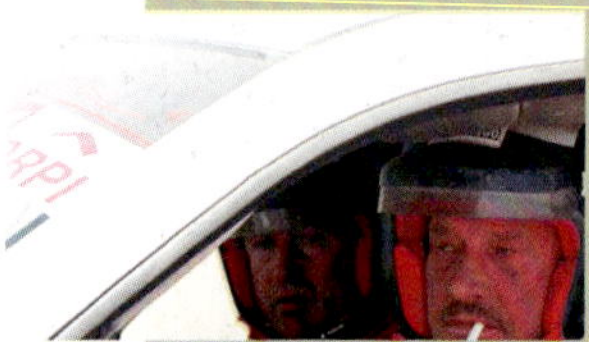

■ 30/3/01
Johnny participe au Rallye de Tunisie au volant d'une Mercedès avec André Boudou comme co-pilote.

David retrouve en toute complicité son père et lui offre un album magnifique : "Sang pour sang".

En septembre 1999, Johnny est sur le pied de guerre. Son fils David et lui ont concocté l'un des plus beaux albums de la carrière de l'idole. L'opus s'ouvre avec le sublime *Sang pour sang*, de David

> **« David et lui ont concocté l'un des plus beaux albums de la carrière de l'idole.**

et Éric Chemouny. La mise au point est clair. Il est temps de mettre les compteurs à zéro avec son fils. Cette déclaration d'amour d'un père à son fils est un modèle du genre. « *Je n'ai pas toujours trouvé les mots/Pour bercer tes rêves d'enfant/Ensemble, on est devenus grands/De bon point en double zéro/Paralysé par tant d'amour/On s'apprivoise au jour le jour/Maintenant qu'on est face à face/On se ressemble sang pour sang* ». *Quelques cris* s'invite au souvenir de l'épopée ratée d'*Hamlet*. David ressortira sûrement l'opéra-rock de son roi de père pour s'inspirer. Cette chanson nous rappelle *Le Vieux roi est mort, Je suis fou* ou *Pour l'amour*. Les paroles pleines de virulence et de vérité sont signées Françoise Sagan. Les arrangements ainsi que la mélodie sont de très haute facture. Cela faisait bien longtemps que Johnny n'avait pas été aussi puissant et fragile à la fois.

Puis c'est au tour de *Un jour viendra*, fortement inspirés par les accords de *I Started a Joke* des Bee Gees, avec un texte de Michel Mallory. L'un des jeunes loups de la nouvelle chanson française, Christophe Miossec, apporte son regard déchiré sur l'amour. *Notre histoire* est un très bon titre d'album. Musicalement, David est dans le vrai. Il connaît parfaitement le chemin parcouru par son père et apporte le son exact. Un mélange astucieux entre celui si magistral des années 70 et la pop actuelle. On en veut pour preuve *Les Larmes de gloire*, qui s'appuie sur le même concept de mixité. Si tu m'aimais revient à la bonne vieille country que le duo Mallory/Hallyday affectionne. David y apportera la modernité qu'il faut, *La Fille aux cheveux clair* version 1999.

Miossec laisse son empreinte avec *Remise de peine*, sur un rock boosté, Partie de cartes s'impose délicatement sur un tapis de clavier qui nous fait penser à *Streets of Philadelphia* de Bruce Springsteen, une sublime chanson écrite par Vincent Ravalec et David Hallyday. Pardon permettra à son ami et journaliste Philippe Labro de faire son mea culpa au nom de tous les hommes. L'album se terminera avec *Vivre pour le meilleur*, l'un des moments forts de « Sang pour sang », et qui figurera régulièrement sur ses listes de concert.

L'album sera le plus grand succès de sa carrière, dépassant largement les deux millions d'exemplaires vendus. Il clôturera avec maestria le XXe siècle. La France a peur. Le monde se prépare à bugger lors du passage à l'an 2000. Les médias ne rassurent personne dans ce sens. L'histoire de la prise de pouvoir des machines est d'actualité,

1999, TOURNAGE DE "LOVE ME"
Sur le tournage du film de Laetitia Masson, "Love Me" : Johnny et sa guitare, tout un symbole…

OLYMPIA, 2000
A partir du 17 juin 2000, Johnny investit la salle de l'Olympia pour une série de concerts proche de ses fans.

Johnny veut célébrer le nouveau millénaire de façon unique

Novembre 1999, insolite présence de Johnny dans le métro pour un entretien avec Patrice Gaulupeu. La Tour Eiffel en arrière plan : la rencontre exceptionnelle de l'année 2000 pour un concert unique.

il ne manque plus que John Connor et son *Terminator* pour que la réalité rejoigne la fiction. Mais c'est une autre catastrophe, plus concrète celle-ci, qui va s'abattre en cette fin de mois de décembre 99 et qui va faire la une des journaux. Lothar et Martin, les prénoms de ces deux tempêtes successives, vont mettre l'Europe à terre en l'espace de quelques heures. La France n'est pas épargnée. Dix-neuf milliards de dollars de dégâts matériels et plus de cent morts, tel sera le résultat de cette visite européenne. Malgré cette catastrophe nationale, les fêtes du 31 décembre seront à la hauteur de ce passage à l'An 2000. Ce nouveau millénaire marque pour Johnny quarante ans de carrière. Qui aurait parié un seul ancien franc, une telle longévité pour ce jeune gars né dans la rue et devenu roi ? Quarante ans de règne sans contestation possible. Avec des doutes, des ratages durant ses mandats, mais jamais renversé, toujours adulé. Le peuple d'Hallyday's Land est fidèle et, même s'il vieillit avec son chef, il semble transmettre les valeurs à sa descendance.

Interloqué, Johnny regarde les informations qui se partagent entre festivités et deuil national. Après son stade de France 98, il veut célébrer à sa manière « démesurée », ce nouveau millénaire et ses quarante ans de carrière. Il sait que les Français ont besoin de se changer les idées, de faire la fête. Garder l'esprit de la communion après la finale de la Coupe du monde. Il revoit alors le portrait de Zinédine Zidane projeté sur l'Arc de Triomphe et ces millions de visages pleurant de joie sur les Champs-Élysées, le soir du titre. Cette image, le chanteur se la repasse en boucle. Lui qui est, avec Zidane, la personnalité la plus aimée des Français, peut et veut faire un show encore plus fou. Pourquoi ne pas faire de la plus belle avenue du monde une immense scène mobile qui partirait de l'Étoile pour finir à la Concorde ? La scène descendrait doucement, le temps du spectacle, et tous les dix mètres, des écrans géants et des grosses enceintes diffuseraient le concert en direct. Lui aussi veut son image sur l'Arc de Triomphe. Simplement, l'idée du siècle s'avère être, pour des raisons techniques et surtout de sécurité, irréalisable. Johnny tape du poing sur la table ! Il veut faire encore plus fort que le Stade de France ! Après moult discussions et rendez-vous de travail, un nouveau lieu tout aussi mythique sera arrêté avec, cette fois-ci l'aval des autorités et de la ville. La Tour Eiffel ! Alors que Johnny est partout, à la télévision, à la radio, dans la presse, dans les pubs

2002

■ 1/02
Johnny participe au Rallye Paris-Dakar en compagnie de René Metge comme co-pilote.

■ 13/4/02
Johnny est à Toronto pour le tournage du film "Wanted", de Brad Miman avec Renaud, Gérard Depardieu et Harvey Keitel

■ 26/4/02
Johnny Hallyday est à la 1e place des ventes de singles en France avec « *Tous ensemble* ». Le Single de Platine restera 1 semaine en tête du hit-parade français, entré directement n°1.

■ 25/10/02
« À la vie à la mort », l'album de Johnny Hallyday, débarque à la 1e place des ventes en France grâce à la chanson de Gérald De Palmas, *Marie*.

2004

■ 10/5/04
Sous la direction de Laurent Firode, Johnny tourne "Quartier VIP", avec Pascal Légitimus, Jean-Claude Brialy et François Berléand.

OLYMPIA 2000
Deuxième concert dans ce lieu mythique. Le succès ne se dément pas, les fans sont au rendez-vous.

11 JUILLET 2000, TOUR EIFFEL
Pour fêter le passage dans le nouveau millénaire, Johnny organise un concert monstre sous les jupes du symbole de Paris, la Tour Eiffel. Un succès phénoménal !

16 JUIN 2000, PARC DE SCEAUX
Pour son anniversaire, Johnny a invité ses amis au concert du Parc de Sceaux : Didier Barbelivien, Muriel Robin, Patrick Bruel, Jean-Louis Aubert, Laurent Gerra et Mathilde Seigner.

“2000 doit être, pour Johnny et ses fans, l’année du siècle.

pour de grands parfums, l’équipe du boss s’attelle à ce qui sera l’année du chanteur. Point de départ : le concert gratuit de la Tour Eiffel le 10 juin 2000, un cadeau de la ville de Paris qui coûtera la bagatelle de sept millions d’euros, puis il fêtera son anniversaire le 15 juin lors d’un concert au Parc de Sceaux (en région parisienne), investira ensuite l’Olympia de Paris, cette salle qui l’avait révélé au grand public au début des années 60, avant d’entamer une tournée des stades pendant l’été. 2000 doit être, pour lui et ses fans, l’année du siècle.

Le 10 juin 2000, 600 000 personnes se pressent sous les jupes de la vieille dame métallique, sur le champs de Mars et même autour des jets d’eau du Trocadéro, pour célébrer une fois de plus le roi Johnny. Ce concert qui s’ouvre avec les Tambours du Bronx, formation d’une vingtaine de marteleurs de tambours, sera diffusé en direct sur TF1 pour une audience de plus de huit millions de téléspectateurs. Le rendez-vous est unique et à la démesure du chanteur. *Allumer le feu* ouvre le bal sous les fracas d’un feu d’artifice énorme. La soirée sera ponctuée d’invités comme les magnifiques danseuses du Crazy Horse, le jeune guitariste Nawfel qui, du haut de ses quatorze ans, va enflammer sa guitare sur *La Musique que j’aime*, Florent Pagny, Catherine Ringer, Jean-Louis Aubert qui donneront la réplique à l’idole avant qu’il ne termine son tour de chant par le classique de Piaf, *Non, je ne regrette rien*. Chanson vraiment adaptée à la carrière et à la vie de ce monstre sacré.

Cinq jours plus tard, il remet le couvert au Parc de Sceaux devant 70 000 personnes et, le 17 juin, s’installe à l’Olympia pour une série de concerts moins féeriques, mais plus proche de ses fans. Les années 60 et 70 seront à l’honneur. Chaque soir, des invités débarquent sur scène à l’improviste. À noter, France Gall qui, pour la première fois depuis le décès de son mari, chante aux côtés de Johnny *Tennessee*. Un moment de grande émotion dans la salle et sur scène.

Il va se partager ensuite entre le cinéma, (*L’homme du train* de Patrice Leconte, avec le brillant Jean Rochefort) et le sport mécanique (le rallye de Tunisie et du Maroc, puis le Paris-Dakar au volant d’une Nissan, aux côtés de René Medge). L’année 2001 passera comme une lettre à la poste. Sur la lancée des succès de la Coupe du Monde 98 et du Championnat d’Europe 2000, l’équipe de France remet son titre en jeu avec l’air

2005

■ 25/2/05
Quatre ans après « L'Odyssée des Enfoirés », « Le Train des Enfoirés »

est sur la bonne voie en décrochant la première place des ventes en France, durant 5 semaines. *Satisfaction* des Rolling Stones, *Qui a le droit* de Patrick Bruel, *Gabrielle* de Johnny Hallyday, *En cloque* de Renaud, *Désenchantée* de Mylène Farmer...

■ 7/11/05
Sortie de l'album "Ma vérité" de Johnny

■ 24/12/05
Johnny Hallyday est à la 1e place des ventes de singles en France avec *Mon plus beau Noël*. Le single restera 1 semaine en tête du hit-parade français.

2006

■ 05/4/06
Sortie dans les salles du film "Jean-Philippe", de Laurent Tuel, avec Johnny et Fabrice Luchini. Le film sera un gros succès : 1 400.000 spectateurs.

■ 23/9/06
Johnny Hallyday est à la 1e place des ventes de singles en France avec *La Loi du silence*. Le single restera 1 semaine en tête du hit-parade français, entré directement n°1.

« Nouveau disque de diamant pour la star qui surfe sur le succès avec une plénitude désarmante.

d'un pays à qui rien ne résiste. Pour être irrésistibles en Corée, les stars mondiales vont découvrir le nouvel hymne à la gloire des soldats du foot, *Tous ensemble*, titre de Catherine Lara interprété par Johnny Hallyday. Mais les choses ne se passent pas comme prévu, les Français vont redescendre de leur piédestal en se faisant éliminer dès le premier tour.
Johnny se remet au travail et décide de sortir dans la foulée de l'énorme succès de « Sang pour Sang » un double album « À la vie, à la mort », qui depuis la catastrophe financière d'*Hamlet* n'avait jamais été évoqué par le staff du chanteur. Il y a des plaies qu'on aimerait éviter d'ouvrir. Mais Johnny veut affronter ses démons et provoquer le destin. Au total, vingt-trois chansons réparties sur deux Cd qui vont propulser l'album en haut des charts. Nouveau disque de diamant pour la star qui surfe sur le succès avec une plénitude désarmante. Mais c'est *Marie*, de Gérald De Palmas, qui va devenir l'hymne de plusieurs générations. Ce sera sa plus grosse vente de single de sa carrière. *Ne reviens pas* est une merveilleuse chanson signée par Stéphan Eicher et son fidèle parolier Philippe Djian, dans la lignée de *Je ne te dois rien.* Big Up pour ces deux-là ! Un sacré casting pour un album puissant : Patrick Bruel, Axel Bauer, Stéphane Eicher, Gérald De Palmas, Marc Lavoine, Sandrine Kiberlain, Marie Nimier, Jean Rouaud, Catherine Lara, David Hallyday, Daran, Blondin, Maxime Le Forestier, Didier Golemanas, Marc Esposito, Hugues Aufray, Michel Mallory iront de leur plume ou de leurs accords pour ficeler ce joli cadeau qui doit l'amener dans les meilleures conditions sur les routes de France, histoire de fêter comme il se doit les soixante ans du chanteur. Cette tournée s'appellera *La Tournée des Stades*. Pour la première fois, Johnny envisage de remplir les stades de France en jouant en plein air. Il veut contenter le plus grand nombre, quitte à se ronger les ongles face aux intempéries. La force est avec lui et il ne doute de rien. Dès l'annonce de cette tournée, les places s'arrachent aux quatre coin du pays. En quelques jours, quatre Parc des Princes seront remplis et ce sera la même chose dans les stades choisis par Jean-Claude Camus et Johnny. Malgré les honneurs du Prix Jean Gabin pour le film *L'Homme du train* de Patrice Leconte, et les très bonnes critiques, Johnny l'acteur va devoir ronger de nouveau son frein devant l'échec de *Wanted*, de Brad Mirman, pourtant aidé d'une brochette d'acteurs prestigieux. Et c'est à cette période que la justice va s'intéresser de près à la star, accusée de viol par une hôtesse travaillant sur son yacht. L'affaire fera grand bruit et déstabilisera l'homme. Il obtiendra un non-lieu dans cette affaire et lavera son honneur après une confrontation avec son accusatrice.

Pour bien préparer les soixante ans de Monsieur Hallyday, son équipe en communication déploie une grande énergie pour le rendre omniprésent. C'est par le stade Marcel Picot à Nancy que *La Tournée des stades* débute le 3 juin. Même s'il sait que chaque concert est important, il monte en puissance chaque soir, rôde le spectacle au fur et

PARC DES PRINCES 2003
Préparation et concentration avant le concert avec le soutien de Laeticia.

à mesure que la caravane monte vers le Nord. Même s'il ne doit pas faire de différence entre la province et Paris, il existe bel et bien un truc spécial avec la capitale. Ce n'est pas qu'une histoire de plaque médiatique et politique tournante. À Paris, Johnny est chez lui. La Trinité, les cinémas de la place de Clichy, toute une vie à arpenter les artères parisiennes. Il n'a pas sa carte d'abonné au PSG, mais pas loin. La difficulté de cette *Tournée des stades* est que la production utilise pour la première fois la même scène, les mêmes écrans vidéo et jeux de lumières, pour tous les stades visités, le Parc des Princes compris. Imaginons quelques secondes les convois exceptionnels transportant les tonnes de ferraille de cette structure et de cette immense tour, les équipes en doublette, les remorques contenant de gigantesques écrans vidéo nouvelle génération, les centaines de projecteurs automatiques, les lasers. Un convoi à l'anglo-saxonne. Alors, lorsque les dates parisiennes apparaissent sur son planning de tournée, il sait que la pression commence à monter et que son équipe resserre les derniers boulons. Quatre dates au Parc des Princes, attendues par les Parisiens et par tous les fans-clubs de France qui sont au rendez-vous. Le 15 juin 2003, à 16h30, l'enceinte sportive de la porte de Saint-Cloud ouvrent grand ses portes. Le public y découvre, impressionné, une scène de soixante-quatre mètres d'ouverture, d'une hauteur incroyable. La tour, comme un building futuriste inspiré par le film *Matrix*, s'élève à plus de vingt mètres de haut. Une tour de huit étages. Depuis le 2 juin, les équipes de Johnny s'affairent pour monter cet édifice incroyable.

PARC DES PRINCES, 15 JUIN 2003
Sur une introduction de Que je t'aime à l'orgue, Néo, alias Johnny, entre sur scène dans un décor époustouflant.

PARC DES PRINCES JUIN 2003
Johnny enflamme une nouvelle fois le Parc et en profite pour fêter son anniversaire : il a 60 ans.

60 ans et toujours une énergie redoutable

Parc des Princes, juin 2003. Johnny va rentrer dans l'arène, volontaire et concentré.

Sept caméras sont disposées autour de la scène, un réalisateur est spécialement prévu pour retransmettre, sur les écrans gigantesques encastrés dans la structure, les différentes images du show. Ce sera la première fois qu'il y aura une adéquation entre les images et la réalité. Les écrans explosent en mille morceaux et des milliers de bout de papier sont propulsés sur le public. Tout est millimétré. Pendant que le public s'enfonce dans l'arène, le gratin se présente à l'entrée présidentielle. Ils seront tous là. Pendant ce temps, Johnny, sa femme et leur chien montent dans la Porsche Cayenne et partent de leur maison, escortés par les motards de la gendarmerie. Lorsqu'ils arrivent à l'entrée du parking du Parc, c'est la cohue, les derniers fans encore dehors l'accueillent comme le messie.

20h30, Johnny est allongé sur le canapé de sa loge. Il se relaxe et se remémore les points de passage importants. Yvan Cassar, le chef d'orchestre de ce concert, vient lui donner les dernières modifications apportées à l'introduction de *La Musique que j'aime*, Johnny est rassuré, le compte à rebours peut commencer. Tout le staff l'observe discrètement, de loin. Des petits mots lancés, des regards, Johnny est dans sa bulle et personne ne veut dissiper le maître. On l'accompagne derrière la scène, sans le serrer. Il sont une dizaine autour de lui (producteur, hommes de la sécurité et régisseur). Tous se dirigent vers les marches qui le mènent à l'ascenseur. Seul le régisseur est autorisé à monter avec lui. Costume et gilet en argent, chemise noire ouverte, croix d'ébène autour du cou, Johnny enfile son long manteau de cuir noir et ses lunettes. Il se transforme instantanément en Néo, le héros du film *Matrix*, interprété par Kanu Reeve. La pression est forte de l'autre côté de la scène, dans le public et l'appel du peuple est irrésistible. L'ascenseur monte derrière la scène, jusqu'à la cime de cette tour futuriste. De là-haut, on peut apercevoir Paris au-dessus des tribunes. Le vertige n'a pas sa place à quelques secondes du début. Car, s'il y a une chose importante dans les spectacles de Johnny, c'est bien l'introduction. Qu'il loupe son entrée, et le concert est raté. Tout est basé sur le spectaculaire, et ce qui attend le Parc des Princes est une fois de plus incroyable. La musique se fait menaçante, les lasers automatiques arrosent la tour des miracles. Soudain, au sommet de celle-ci, un bout de paroi se déboîte et coulisse vers le haut pour laisser apparaître les chaussures d'abord, puis les jambes, enfin la silhouette entière de Néo Hallyday. Le héros accroche la lumière d'une manière admirable et, sans un geste, derrière ses lunettes, il dégage une puissance incroyable. Son long manteau traîne sur le sol. Les jambes campées sur cette nacelle à plus de vingt mètres de hauteur, Johnny regarde son peuple, celui qui l'a fait naître soixante ans plus tôt.

2007

■ 11/11/07

« Le Cœur d'un homme », le nouvel album de Johnny Hallyday, se place à la 1e place des ventes en France, malgré des chansons très décevantes. Les fans sont toujours là.

2008

■ 17/1/08
Début d'année difficile : Carlos, l'un de ses fidèles amis, décède.

■ 15/2/08
Johnny lance officiellement son site internet: johnnyhallyday.com

■ 21/11/08
Johnny Hallyday est à la 1e place des ventes de singles en France avec *Ça n'finira jamais.* Le Single d'Or restera 2 semaines en tête du hit-parade français. Johnny entre directement à la 1e place.

■ 26/12/08
C'est fait ! Jade a désormais une petite sœ ur. Johnny Hallyday et son épouse Laeticia sont allés chercher la petit Joy, 5 mois, une autre enfant vietnamienne que le couple a adoptée à Hanoï. Reste aux auteurs à plancher maintenant sur une nouvelle chanson pour Johnny, *Joy.*

La famille se recompose et Johnny apprécie

27 novembre 2004, Hanoï, la famille s'agrandit. Laetitia et Johnny accueillent la petite Jade.

La passerelle se décroche lentement de la paroi et s'avance à l'aide d'un immense bras articulé vers le public, toujours à des hauteurs affolantes. Le chanteur ne bouge toujours pas. La plate-forme se met à descendre doucement, et les écrans géants diffusent des gros plans de la star. Lorsque que la nacelle s'arrête au sol, l'introduction de *Que je t'aime* à l'orgue retentit. Le public chantera le premier refrain à la place du chanteur, qui enchaînera, sur des arrangements tendus, rugueux, à la U2, le célèbre *Fils de personne*, puis sur ce même rythme *Gabrielle*, afin de ne pas laisser respirer son audience captivée. *Tennessee* est une histoire de trio entre le chanteur, sa guitare acoustique et le public. Quelques duos s'inviteront à cette grande fête. *J'oublierai ton nom* avec Isabelle Boulay (le public enchaînera, après la chanson, avec un « *Joyeux anniversaire* »), Gérald De Palmas chantera *L'Instinct*, Jenifer pour une version très délicate et tendre de *Je te promets*, *L'Envie*, sur-vitaminée par les arrangements d'Yvan Cassar et par des immenses tambours-Gong. C'est toujours un vrai bonheur de redécouvrir cette chanson sur scène. La plus intense, sans aucun conteste. Le show se terminera par la chanson de notre enfance *Essayez*, puis *La Musique que j'aime* new look et enfin M'arrêter là. Une fois encore, le guide du rock en France a respecté son public et offert un spectacle de grande classe. Neuf millions de téléspectateurs suivront ce show en direct sur TF1, le 15 juin. Sa grande *Tournée des Stades* est une réussite totale, le chanteur n'a jamais été aussi performant.

> **« Après un été de rêve, Johnny revient en France avec le regard des mauvais jours.**

C'est pourtant au beau milieu de cette plénitude artistique que les nuages juridiques vont s'installer durablement. Après un été de rêve, Johnny revient en France avec le regard des mauvais jours. Il est officiellement entré en conflit avec sa maison de disques. Comme une mauvaise nouvelle n'arrive jamais seule, sa cousine Desta, qui fut avec sa tante Hélène sa mère de substitution, ne reconnaît plus Jean-Philippe, décide de se répandre dans la presse à coups de phrases assassines et de mettre aux enchères tous les biens qui la rattachent à son cousin devenu star. Tempête sur Hallyday's Land.

LOS ANGELES, 5 MAI 2006
En compagnie d'Yvan Cassar, Johnny répète son prochain spectacle.

LILLE, 15 MARS 2006
Johnny et Fabrice Luchini pendant la promotion du film "Jean-Philippe" de Laurent Tuel

« La guerre est ouverte avec Universal mais la justice déboutera Johnny.

Johnny, lui, va fuir en avant et se propulser dans une nouvelle tournée d'hiver intitulée *Plus près de vous*, cette fois-ci dans des Zénith, et qui se terminera à Bercy. Pendant ce temps, la guerre est ouverte entre Johnny et Universal. Le chanteur désire récupérer les bandes de tous ses albums enregistrés avec la multinationale, et il faudra des mois de combat juridique et de procès pour qu'enfin le résultat puisse être officiel. La justice déboutera Johnny de sa demande. Il lui reste encore un album à produire pour Universal afin d'être libre de signer chez la concurrente qui lui fait les yeux doux et une proposition de gros chèque depuis des mois.

Johnny peut donc maintenant se consacrer à la suite à donner à sa carrière. Tous les films dans lesquels il joue sont des échecs, et il décide de se concentrer sur ce qu'il réussit le mieux, un nouvel album et une nouvelle tournée déjà baptisée *Flashback*. Lorsque « Ma vérité », nouvel et dernier opus du chanteur pour Universal, sort, une petite Jade est dans ses bras. Johnny et Laeticia ont « le cœur gros comme une montagne ». Bien que de nombreuses signatures apparaissent sur cette galette (Zazie, Murielle Robin, Kyo, Passy, Doc Gyneco, Stomy Bugsy, Michel Mallory, Guy Carlier, Olivier Dahan), le résultat est plutôt tiède. Les ventes sont toujours très élevées (un million), mais on a le sentiment de réchauffé et d'album un peu bâclé. L'idole a sûrement déjà la tête chez Warner ?

Le 5 avril 2005, la France va faire de Johnny une vedette du cinéma, enfin ! L'idée de la comédie de Laurent Tuel est simple et tellement drôle. L'idée d'un monde sans Johnny Hallyday. Seul, un fan serait au courant de son existence et chercherait à faire revivre *Jean-Philippe*. Le duo Fabrice Luchini/Johnny Hallyday (dans son propre rôle) est atomique. Le film est désormais culte et on peut se délecter de la version acoustique de *Tennessee*, que Johnny interprète à l'écran, et celle a capella de *Ma gueule* par Luchini. Johnny est un homme heureux. Il réussira au cinéma en restant lui-même.

La tournée *Flashback Tour* est dans les starting-blocks, et le Palais des Sports de Paris est bondé en ce soir du 2 juin 2006. Trois parties pour un concert. Futuriste, souvenir et classique. Une fois de plus, le succès sera au rendez-vous ; et Johnny continuera sa tournée hexagonale pour faire une

DÉCEMBRE 2008
Johnny à moto, lors d'une émission spéciale que lui consacre France 2.

La Warner est prise d'angoisse : l'histoire d'amour commence plutôt mal

En novembre 2008, Johnny tourne "Vengeance", le film du réalisateur de Hong Kong Johnnie To, un polar noir et violent.

halte à nouveau à Paris, à Bercy puis au Zénith et enfin à la Cigale, et terminer le 3 mars 2007 à Toulouse. Après ses histoires belges, et ses désirs soudains de Suisse, Johnny se remet au travail, après quelques mois de vacances et de cohue médiatique. Il prépare le premier album pour sa nouvelle maison de disques. Et le moins que l'on puisse dire, c'est que lorsque le label découvre les chansons, on ne sent pas un vif enthousiasme. Au contraire, une certaine appréhension se lit sur le visage de celles et ceux qui vont devoir défendre auprès des médias le premier disque de Johnny made in Warner. « Le cœur des hommes » s'ouvre avec deux chansons dans la pure tradition blues : *Monument Valley* et *Être un homme* sont des chansons sympathiques mais qui ne vont pas être des locomotives. Et que dire du single envoyé aux médias ? Un nanard nommé *Always*, une ballade insipide et mal inspirée. Album aux sonorités blues, mais le cul entre deux chaises. Dans ce registre, il faut être le meilleur. Et cet opus n'est pas à la hauteur. *Chavirer les foules* est même un sacrilège ! Une pâle copie de *Toute la musique que j'aime* que commise par Michel Mallory. Il ne suffit pas de mettre un bottlenek sur une guitare et un harmonica pour faire du blues. Warner est pris d'angoisse. Beaucoup d'argent investi pour obtenir les droits de Johnny Hallyday, et l'histoire d'amour commence plutôt mal. On se demande pourquoi le chanteur interprète *Sarbacane* de Francis Cabrel et, surtout, cette chanson étrange de Bono, *I am the Blues*, qui n'a strictement rien à voir avec l'ensemble de cet album. Johnny chante en anglais les mots du leader de U2, et on n'y croit pas une seconde. Le coup médiatique tombe à l'eau. Mais parce qu'il fait partie du patrimoine français, l'album se vendra plutôt bien. Et pour enfoncer le clou de cette déprime musicale inquiétante, une campagne de publicité va annoncer au public la préparation d'un nouveau Stade de France en 2009, avec comme titre « M'arrêter là ». Les critiques acerbes vont bon train : « *C'est la meilleure chose que Johnny ait dite depuis des années.* » On ne le sent pas bien, ce nouveau Stade de France. Un drôle de sentiment s'empare des témoins. Et si c'était celui de trop ? Johnny va confirmer les doutes devant des millions de téléspectateurs. Lors du JT de Claire Chazal, il annonce que la tournée Tour 66

Juin 2009. Une bonne séance de rigolade avec les musiciens pendant la première répétition du "Tour 66" à Saint-Étienne.

2009

■ 28/2/09
Lors des 24e Victoires de la musique, Johnny Hallyday reçoit la Victoire d'honneur en chantant *Ça peut changer le monde*, extrait de son nouvel album, accompagné par son fils David Hallyday à la batterie, Axel Bauer à la guitare et Christophe Maé à l'harmonica. Il remerciera toute sa famille ainsi que le public fidèle du début.

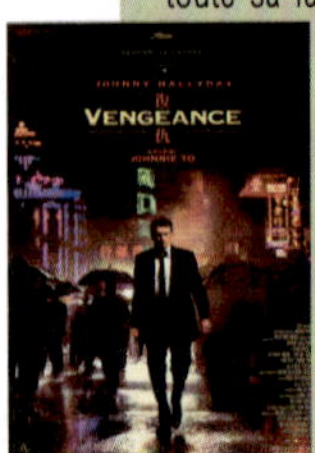

■ 20/5/09
Sortie du film Vengeance du réalisateur de Hong Kong Johnnie To.

sera la dernière de sa carrière, qu'il continuera à chanter, à faire du cinéma et surtout à s'occuper enfin de sa famille. Dans les heures qui suivent l'annonce, trois Stades de France seront remplis. Quelle belle entreprise de marketing ! Le reste de la France n'est pas en reste. Toutes les dates proposées seront *sold out* en quelques heures. Dans

> **« Pendant que la France s'inquiète pour lui, Johnny part pour la Chine tourner le film de Johnnie Toe.**

cette dynamique, l'équipe de la star se plonge dans la création de « Ça ne finira jamais ». Les critiques continueront leur commentaires : « *C'est la pire chose que Johnny ait dite depuis des années.* » *Ça ne finira jamais*, de Patrice Guirao et Calogero, ouvre les hostilités de cet album. Barbara avait chanté *Ma plus belle histoire d'amour, c'est vous*, il fallait donc que Johnny ait sa chanson de non-adieu. La comparaison s'arrête là. Car si le chef-d'œuvre de la dame en noire restera gravé à jamais dans l'inconscient collectif, celle de Calogero ne devra pas dépasser le cadre de la prochaine tournée. Raphaël écrit *Je n'appartiens qu'à toi*, sans grand intérêt, Grand Corps Malade y va de sa plume avec *Si mon cœur*, un jolie ballade avec des mots qui ne sont pas à la hauteur des Labro, Djian ou Lionel Florence. Depuis le temps que Johnny voulait collaborer avec Cabrel, il attendra 2009 pour chanter les mots de l'homme d'Astaffort. Ce ne sera pas un hit, mais *Je m'arrête là* a le mérite d'exister. Le duo Joss Stone/Johnny Hallyday, *Unchained Melody*, ne marche pas vraiment, malgré la voix magnifique de la jeune blondinette. *Emily* sera la seule chanson à sauver les meubles. Johnny est aimé, mais il donne depuis quelque temps de vrais signes d'inquiétude. Pendant que la France s'inquiète pour lui, il s'envole pour la Chine afin de tourner le film de Johnnie Toe, *Vengeance*. La tournée qui s'élance s'annonce incroyablement longue. La caravane débute à Saint-Étienne du 8 au 16 mai et l'incroyable se produit. Johnny se présente sur l'immense scène (déjà utilisée dans le passé), dont la structure se dessine comme un immense anneau à l'intérieur duquel le public s'enfonce pour être au plus près de lui, sous le regard

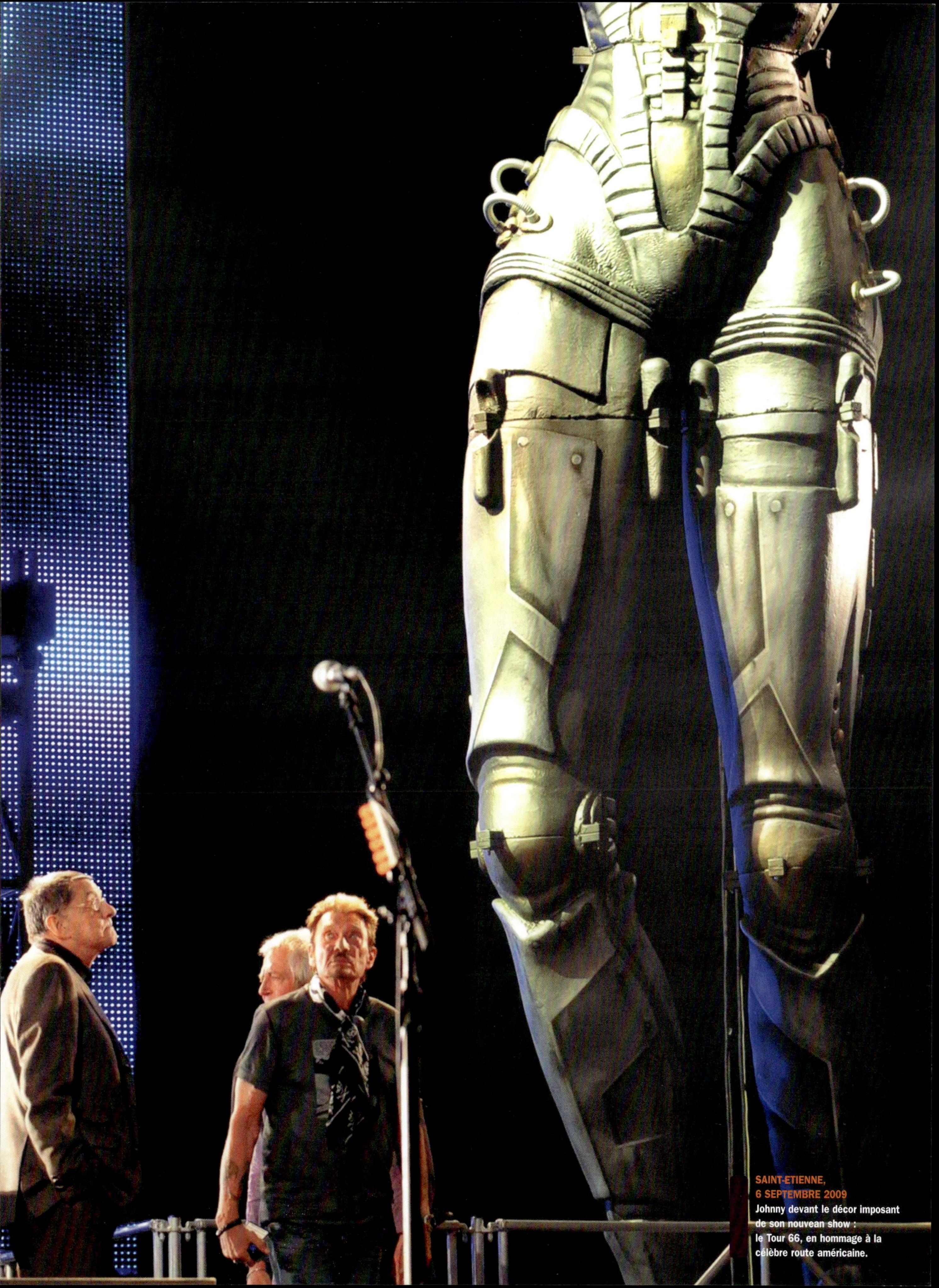

SAINT-ETIENNE,
6 SEPTEMBRE 2009
Johnny devant le décor imposant de son nouvean show : le Tour 66, en hommage à la célèbre route américaine.

SAINT-DENIS, 29 MAI 2009
Le Tour 66 s'arrête au Stade de France : 80 millions de spectateurs et le succès sont au rendez-vous.

RENAULT
RENAULT
Jacques VABRE
Jacques VABRE
pagesjaunes
pagesjaunes
pagesjaunes
EDF
RENAULT

STADE DE FRANCE 2009
Une nouvelle fois, Johnny gagne son pari : remplir pendant trois soirées le grand Stade de France.

rouge d'un phénix qui surplombe les débats, largement inspiré par la bande dessinée d'Enki Bilal. *Ma gueule* débute ce *Tour 66* (référence à cette route mythique qu'il affectionne et à son âge). La caravane passera par Bruxelles, Sochaux, Metz, Lens, le Havre, Nantes, Bordeaux, Lyon, Grenoble, Genève, Béziers, Marseille, Monaco, Paris par deux fois : trois Stades de France (29, 30 et 31 mai 2009) et sous la Tour Eiffel, le 14 juillet. Chaque fin de concert sera rythmée par les pleurs du public qui regarde son idole lui dire au revoir en reprenant le classique de Gilbert Bécaud *Et maintenant*. Le moment est très poignant. « *Et maintenant, que vais-je faire ?* » Le message adressé à ses fans est fort. Fin juillet, Johnny décide de faire un break pour reprendre des forces avant de reprendre la route pour la seconde partie de ce *Tour 66* spécial hiver. Étant donné le grand nombre de dates affichées complètes, le chanteur doit recharger ses accus et décide de prendre du bon temps en louant un yatch. C'est durant cette petite croisière qu'il va glisser sur le ponton et se blesser de nouveau à la hanche. Johnny est à l'hôpital américain à Neuilly pour un séjour de contrôle, en urgence. Tout en voulant rassurer les médias, son entourage va mettre le feu au poudre. Officiellement, Johnny fait un check-up, à la demande des assurances. Il n'en faut pas plus pour mettre la France en panique, encore sous le traumatisme du décès de Michael Jackson. Neuf jours à l'hôpital pour un simple check-up ? Les rumeurs vont bon train. À sa sortie, Johnny semble épuisé et disparaît dans un avion, direction sa maison de Saint-Barth. Les grandes vacances tournent leurs

“Chaque fin de concert est rythmé par les pleurs du public qui regarde son idole lui dire au revoir.

Pour le 14 juillet 2009, Johnny offre aux Français un concert gratuit à l'ombre de la Tour Eiffel.

pages, et septembre débarque avec son lot d'obligations. La rentrée des classes, la grippe A, les impôts vont comme à leur habitude squatter les unes des journaux. Mais une annonce va remettre le feu aux poudres. Johnny annule son premier concert d'hiver sur l'île de la Réunion le 20 septembre. La raison officielle est bancale. « *Annulation en prévention d'une éventuelle pandémie de Grippe A* ».

L'inquiétude gagne la France. Cinq jours plus tard, alors que les 7000 spectateurs du Zénith de Lille attendent la venue de leur idole, une interview de Johnny révèle que son séjour prolongé à l'hôpital est dû à une opération qu'il a subie pour stopper un cancer en devenir. Johnny jouera ce soir-là devant son public, comme si de rien n'était. Mais à la fin de la première étape de cette tournée d'hiver,

LOS ANGELES, DÉCEMBRE 2009
Laeticia offre aux photographes américains une séance de photo. Mais cette fois, c'est elle qui tient l'appareil !

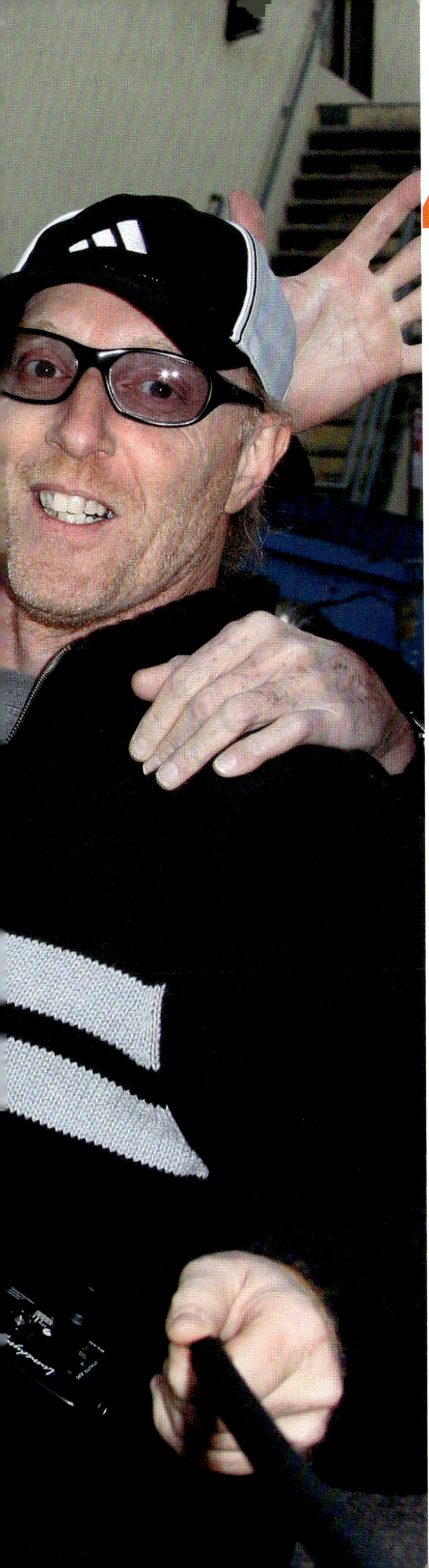

“L’annonce de son retour au pays des vivants rassure enfin ses fans.

il est de nouveau hospitalisé le 26 novembre, pour se faire opérer cette fois-ci d’une hernie discale par le chirurgien des stars, le docteur Delajoux. Le 7 décembre, il est transféré en urgence à la clinique Cedars-Sinaï de Los Angeles et, à la suite de lésions résultant de cette opération, est plongé volontairement dans un coma artificiel après s’être fait opérer une seconde fois. Même s’il y a de fortes chances pour qu’il ait eu une infection nocosomiale des suites de l’opération, le staff, comme les médias français, se ruent sur le chirurgien français comme la misère sur le monde. L’entourage de Johnny parle alors de « massacre ». Le docteur est agressé par des hommes cagoulés, bref, c’est le chaos total autour du chanteur. La tournée est évidement mise en suspens et on ne pense plus qu’à l’état de santé de notre idole. Le flou de l’affaire n’inspire pas confiance. Chaque jour apporte son lot de nouvelles contradictoires. Les médias s’emparent de la moindre petite miette pour en faire des gros titres. L’annonce de son retour au pays des vivants, le 11 décembre 2009, rassure enfin ses fans. Sa famille, ses proches ainsi que ses amis se rendent au chevet de la star. La fin d’année 2009 sera donc marquée par la demande d’expertise médicale pour définir les éventuelles responsabilités dans les problèmes de santé de Johnny.

2010 s’ouvre sur un palmarès. Celui des meilleurs salaires artistiques. Johnny arrive bien en tête des artistes les mieux payés de l’année 2009. Le chiffre d’affaires effectuée par la star est estimé à plus de onze millions d’euros. Après ses Victoires de la musique 2009 et 2010, ses ennuis de santé à répétition, et avant cette tournée qui va reprendre, Johnny va se reposer quelques semaines, entouré de sa femme, de Jade et Joy ainsi que de ses proches. Il va doucement se remettre en selle en tournant dans le désert de Mojave un clip publicitaire pour la marque de lunettes.

LES ANNÉES 2010

Il faudrait leur faire casser des cailloux et construire des routes s'ils ont de l'énergie à revendre !

Charles de Gaulle, parlant de Johnny qui prend son premier bain de foule le 22 juin 1963, place de la Nation à Paris, lors d'un concert intitulé *La Nuit des Copains*. Il chante devant 200 000 spectateurs.
Le général de Gaulle, impressionné par l'énergie du public, lance cette phrase désormais historique.

Johnny a parfois des exigences impossibles. J'essaie de tourner autour pour voir ce que l'on peut faire de plus approchant pour le contenter.

Jean-Claude Camus, producteur de spectacle

Il éprouve un besoin vital de se détruire par moments. Il faut alors le laisser faire, c'est ce qui lui permet de mieux remonter. C'est dur à vivre, j'ai appris à vivre avec...

Laeticia Hallyday

Johnny est toujours vivant

À quelques jours des fêtes de la fin d'année 2009, la nouvelle ne tarde pas à enflammer la sphère médiatique : la tournée 2010 du chanteur est bel et bien annulée. L'infection nosocomiale est confirmée, *« qui aurait pu lui être fatale à quelques heures près »*, dixit Dinh Thien Ngo, président du directoire de Jean-Claude Camus Productions, qui s'appuie sur les éléments communiqués depuis Los Angeles par les deux médecins mandatés par les assurances de la tournée de la star. Johnny devait reprendre sa tournée le 8 janvier 2010 à Amiens. Plus de vingt dates étaient prévues jusqu'à la date finale à Paris-Bercy, le 13 février. Les 160 000 billets vendus jusqu'à présent seront bien évidemment remboursés.

Tandis que les nouvelles de la star se font muettes durant le premier semestre 2010, un nouveau volcan médiatique gronde en silence au cœur du noyau Hallyday.
L'irruption est attendue pour la rentrée de septembre. Depuis qu'il a mis sa carrière entre parenthèses, les relations entre lui et son producteur se sont franchement dégradées. À la fois manager de ses tournées et gestionnaire financier depuis de très longues années, Jean-Claude Camus a vu défiler plusieurs producteurs français au chevet de la star. Même Lagardère aurait fait une proposition (refusée par Johnny). L'heure des vautours a sonné, prêts à se jeter sur le maillon faible. L'animal isolé est devenu une proie. Hallyday choisira finalement Gilbert Coullier comme nouveau partenaire. Coullier, c'est une entreprise de spectacle impressionnante : Gad Elmaleh, Laurent Gerra, Céline Dion, Francis Cabrel, Michel Polnareff, Dany Boon, Patrick Timsit, etc.

L'interview de Johnny, qui paraît dans le *Journal du Dimanche* du 5 septembre, au lendemain de l'annonce de la séparation, fait l'effet d'une bombe.
La star revient sur sa séparation : *« Je m'arrange pour repartir d'un pas neuf. Nouvelle vie, nouveaux projets, nouveaux rêves, nouveau producteur. Je quitte Jean-Claude Camus pour Gilbert Coullier. Camus est à moitié en retraite. Il a vendu son affaire et ce n'est plus lui qui s'en occupe. Je lui garde une certaine tendresse, il y avait une part de folie qui lui permettait de me comprendre, son successeur est uniquement un businessman. »*
Les répercussions de cette séparation seront plus profondes qu'il ne semble paraître. Quatre mois plus tard, Gilbert Coullier (l'ancien associé de Jean-Claude Camus) sortira de son silence dans le *JDD* du 22 janvier 2011 :
« Jean-Claude Camus, votre ancien associé, assure dans Gala avoir quitté Johnny de son initiative. Comment réagissez-vous ?

JOHNNY, LE MYTHE QUI DURE.
Passent les ans mais Johnny reste un symbole fort de la musique française.

PLUS DE CINQUANTE ANS DE CARRIÈRE !
Pendant toutes ces années, Johnny est resté fidèle à lui-même et à la musique.

Jean-Claude Camus orchestre une campagne de dénigrement à l'encontre de Johnny et surtout de Laeticia. En accord avec eux, j'ai décidé de rétablir la vérité. Quand Jean-Claude Camus affirme que c'est lui qui a "jeté l'éponge" et que ce n'est pas Johnny qui aurait pris la décision de se séparer de lui, il ment. Le 1er septembre 2010, c'est Johnny Hallyday qui a appelé Jean-Claude Camus pour lui annoncer qu'il arrêtait sa collaboration. Cette conversation a duré plus d'une heure, au cours de laquelle Jean-Claude Camus a tenté, en vain, de l'en dissuader. Comprenant que la décision de Johnny était irrévocable, il lui a demandé, en désespoir de cause, de bien vouloir lui laisser une petite place à nos côtés dans la future production de ses spectacles... Quelques jours plus tard, Jean-Claude Camus m'a appelé pour me demander la même chose : lui trouver "un strapontin", pour reprendre son expression, dans la production du futur spectacle. Ce n'est pas très glorieux pour quelqu'un qui voudrait maintenant faire la morale à qui veut l'entendre. »

En cette fin de septembre 2010, à la terrasse d'un café sur Sunset Boulevard à Los Angeles, personne ne s'arrête ni même ne prête une quelconque attention aux deux hommes qui discutent, un verre de soda en main. Johnny est avec Matthieu Chedid. Ensemble, ils évoquent le prochain album dont ils construisent les fondations.
L'album est prévu pour le 28 mars 2011 avant de s'ouvrir sur une tournée des stades, cette fois sous la baguette de Gilbert Coullier.

Johnny doit se remettre médiatiquement dans le bain et lever les doutes sur son état de santé. Quoi de mieux que de se retrouver sur scène le 3 décembre à Montpellier, pour un duo avec -M- ?

Deux jours avant la sortie tant attendue du nouvel album de Johnny, TF1 consacre son samedi soir à l'idole des Français en lui proposant une carte blanche musicale. Même si la chaîne n'a pas fait le score d'audience escompté (3,8 millions de téléspectateurs), les fans de la star, affûtée pour l'occasion, ont pu se rassurer sur son envie d'en découdre sur scène. Deux heures de show avec Matthieu Chedid, Yodelice, Christophe Maé, Mathilde Seigner, François Berléand, Nolwenn Leroy, Laurent Gerra, Le Gospel pour cent voix, Pascal Obispo ou Zucchero.

Le public, comme les médias, sont enfin prêts pour accueillir le 47e album studio de Johnny Hallyday *Jamais Seul*, réalisé par Matthieu Chedid et coréalisé par Maxime Nucci (dit Yodelice) et Olivier Lude. *Jamais seul* a été enregistré au studio Ocean Burbank, à Los Angeles, par Olivier Lude. Ce studio de grande réputation, situé sur San Fernando Boulevard, a accueilli

“J'ai connu Johnny à la patinoire Saint Didier... C'était un garçon assez fort, il avait une coupe au rasoir, il était avec une fille. On fredonnait tous les deux la même chanson d'Elvis, "All Shook Up". La coïncidence nous a d'autant plus étonnés qu'à l'époque, on devait être les deux seuls à la connaître...

Chris Long

“En 1995, Michel (Sardou) et Johnny tournaient en France en même temps, mais heureusement, pas dans les mêmes villes. Il fallait les surveiller ces deux-là. Johnny faisait quelques dégâts dans un hôtel... Le temps d'arriver pour arranger les choses, c'était Michel qui se déchaînait dans une autre ville... Quel boulot !

Jean-Claude Camus, parlant de la complicité entre Michel Sardou et Johnny Hallyday.

“Il dégage quelque chose de spécial que je n'ai jamais retrouvé chez quelqu'un d'autre... Il y a dans l'affection très profonde du public pour Johnny un phénomène qui va au-delà des sexes et des classes sociales. Le comprendre nous éclairerait probablement nous, Français.

Jean-Jacques Goldmann

LA PASSION RESTE !
Auto et moto, l'amateur de belle mécanique reste fidèle au rêve américain.

SANDWICHES
SHAKES
We Do
HOME COOKING

LE TEMPS DE LA RÉFLEXION…
MAIS AUSSI DE L'ACTION
La chanson et la musique lui restent chevillées au corps. Chanter est un mode de vie pour Johnny.

En jouant du Tennessee Williams, Johnny passe brillamment le test des planches

dans son antre quelques artistes tels que Andy Summers, Avril Lavigne, Bruce Springsteen, Brian Setzer, Chaka Khan, Crosby, Stills, Nash & Young, Dido, etc.

Les indices négatifs du show de Johnny sur TF1 (écrasé par les audiences des *Années Bonheur* de Patrick Sébastien), qui précéda la sortie de l'album, n'avaient pourtant pas entamé la ferveur de l'équipe de la Warner qui avait préparé cette sortie comme un blockbuster. Passée la première semaine, dédiée aux inconditionnels et aux très curieux, les ventes du disque chutèrent vertigineusement. L'effet bankable de Matthieu Chedid ne suffira pas à garder le Titanic à flot.
La faute à un album pas franchement réussi, assis le cul entre deux chaises. Pas de grands tubes « locomotive » pour tirer les wagons sur les rails du succès.
Les critiques fusent, la presse se régale. Dans *Le Figaro* du 25 mars 2011, Olivier Nuc se lâche : *« On est loin de l'époque où la star draguait l'intelligentsia, confiant l'écriture de ses paroles à des plumes comme Étienne Roda-Gil, Françoise Sagan ou Vincent Ravalec. -M- a eu l'idée saugrenue de confier les textes à son entraîneur sportif, Hocine Merabet, auteur d'un album oublié en 2001. Cette décision confère à l'album un côté grotesque, offrant un carnaval de mauvais jeux de mots et un festival de rimes pauvres. Les tentatives d'humour tombent à plat et les velléités de tendresse évoquent la poésie d'un enfant de 11 ans. "Ta fleur est sans épine/Et pourtant tu m'as piqué", chante Johnny sur le titre dédié à son épouse, "Elle a mis de l'eau", à l'écoute duquel il est impossible de se retenir de rire. Mais le sommet est atteint sur "Jade dort", allusion à ses filles adoptives : "Jade dort/et j'adore regarder Jade quand elle dort", qui se termine sur "Et Joy se réveille".*
Passés les premiers titres, le disque plonge l'auditeur dans un ennui profond. La voix est saturée de vibrato, les compositions ne sont pas développées, les chorus de guitare sont redondants de titre en titre. Jamais seul, peut-être, mais très triste. »

L'échec de *Jamais seul* pousse Johnny à vouloir enchaîner au plus vite sur l'élaboration d'un 48e album. « *La question d'un nouvel album rapide s'est posée,* avoue le service de presse de Johnny à l'AFP. *En accord avec la maison de disques, et après réflexion, Johnny a dit qu'il ne voulait pas d'un album à la va-vite et qu'il préférait se donner le temps de faire un nouveau disque maîtrisé.* »

En septembre 2011, Johnny monte sur la scène du Théâtre Edouard VII, à Paris, pour jouer le rôle principal dans la pièce de Tennessee Williams, *Le paradis sur Terre*. Une remise en question profonde et un défi lourd à relever de la part du chanteur.
Johnny passera brillamment le test des planches et sera à la hauteur de son auteur américain fétiche.

En novembre 2012, Johnny est enfin de retour après l'échec de *Jamais seul* et quelques ennuis de santé qui ont alimenté tout un été et une rentrée. La star a d'abord été hospitalisée à Pointe-à-Pitre à la suite d'une « crise de tachycardie ». Sébastien Farran, son manager, annonce que tout est rentré dans l'ordre et que Johnny s'apprête à rentrer à Los Angeles dans les jours à venir. « *Il souffre de l'aggravation d'une bronchite. Les médecins veulent effectuer un bilan complet, parce qu'il a 69 ans, qu'il a eu un cancer et est gêné pour respirer depuis plusieurs jours* » enchaîne le manager. Le 31 août, il rejoint « officiellement », son domicile de Los Angeles. La France peut respirer et préparer sa rentrée des classes.
Seulement, le 5 septembre 2012, *Voici* met les pieds dans le plat :
« Seul petit souci, personne ne l'a vraiment vu retourner à son domicile de Pacific Palisades, au nord de Santa Monica. Aucune image du chanteur, pourtant largement suivi par les photographes dès qu'il pose un pied à L.A. Autre problème, impossible de savoir quand il a exactement rejoint sa demeure. Directement après avoir atterri, le vendredi ? Ou a-t-il passé des examens complémentaires ? Malgré notre insistance, le service de presse de Jojo a été dans l'incapacité de nous renseigner. D'après nos contacts sur place, il semble y avoir très peu d'activité dans la propriété du chanteur. Et ce ne serait pas parce que Laeticia veille à maintenir son mari convalescent au calme : une source proche de la famille Hallyday nous assure qu'il est actuellement toujours hospitalisé au Cedars-Sinaï, à Beverly Hills. Contacté par nos soins, l'établissement médical n'a souhaité faire aucun commentaire... »
En bref, la promo du nouvel album s'annonce plus compliquée que prévu. On annonce le chanteur mourant à la veille de la sortie du 48e album, *L'attente*, prévue pour le 12 novembre 2012.
Ce nouvel album s'ouvre par une ballade sombre et élégante tenue de main de maître par la voix de Johnny qui maîtrise à la perfection l'univers que lui ont inventé Christophe Miossec et Jean-Jacques Daran. *L'attente* aborde les thèmes de prédilection du chan-

J'étais son ombre, j'avais 22 piges et lui 23. J'étais avec lui aussi bien pour la déconnade que pour le travail. À l'époque, nous étions en tournée au minimum deux cents jours par an.

Ticky Holgado, secrétaire particulier de Johnny de 1966 à 1969

Je n'ai jamais eu l'impression de voir mon fils. Je voyais un être extraordinaire, j'étais éblouie. Pour moi, c'était presque une récompense.

Huguette Galmiche, mère biologique de Johnny Hallyday

À personne, pas même à quelqu'un de ma famille, je ne l'ai autorisé, mais à toi Johnny, je te le demande : marche, s'il te plaît, sur mes pompes en daim bleu

Carl Perkins, créateur du standard « Blue Suede Shoes », le 17 Juin 1992 au Hard Rock Café de Paris.

« Le seul chanteur avec qui j'ai sympathisé, c'était Johnny. Il était un vrai personnage, autant sur scène que dans la vie.

Michel Polnareff, dans son livre *Polnaréflexion*

« C'était énorme, c'était un moment inoubliable parce que je voyais exister cette chanson pour la première fois. Johnny m'a accueilli comme jamais on m'a accueilli. C'était extraordinaire, cette générosité, ce regard, cette gentillesse, et puis cette force qui accompagnait cette interprétation. J'ai essayé de me greffer, d'être à la hauteur de la situation, mais c'est vrai que 80 000 personnes qui vous envoient des ondes positives, ça fait quelque chose de très fort, de très beau.

Patrick Bruel, le 6 septembre 1998, parlant du concert au Stade de France

« Johnny n'aime pas beaucoup parler, ce qu'il aime surtout c'est chanter, c'est un artiste véritable qui a besoin de la scène pour s'exprimer et pour vivre...

Hugues Aufray, le 7 avril 1966, sur le plateau du *Palmarès des Chansons*

teur *(les femmes, l'amour, le temps qui passe)*. Droit dans ses bottes, il regarde la vie qui est passée dans la chanson « Vingt-ans », écrite par le marin d'ode douce Miossec qui posera son ancre sur le succès « L'amour peut prendre froid », interprété brillamment par Johnny en duo avec Céline Dion.
Les Victoires de la Musique 2014 consacreront « 20 ans », *Chanson originale de l'année*. Paroles de Christophe Miossec et musique de David Ford. Le succès est enfin de retour et Johnny peut regarder, satisfait, les ventes qui s'élèvent à plus de 425 000 exemplaires.

Le 2 avril 2014, Johnny apparaît sur le grand écran en compagnie de Sandrine Bonnaire, Eddy Mitchell, Irène Jacob dans le film de Claude Lelouch, *Salaud, on t'aime*.
Johnny y joue le rôle d'un photographe de guerre et père absent, qui s'est plus occupé de son appareil photo que de ses quatre filles. Il coule des jours paisibles dans les Alpes avec sa nouvelle compagne. Sa vie va basculer le jour où son meilleur ami (Eddy Mitchell) va se mettre dans la tête de tenter de le réconcilier avec sa famille en leur racontant un gros mensonge.

Au sortir d'un été tranquille, à répéter avec ses deux comparses, Johnny apparaît sur scène, du 5 au 10 novembre 2014, avec Jacques Dutronc et Eddy Mitchell. Les trois vieilles canailles prennent plaisir à se retrouver au Palais Omnisport de Paris-Bercy pour proposer la version française des Rat Packs, le célèbre trio américain qui réunissait dans les années 50 les chanteurs Dean Martin, Frank Sinatra et Sammy Davis Jr. Le succès est unanime.
Les trois copains s'en donnent à cœur joie et revisitent leur succès ainsi que ceux de l'Amérique qu'ils aiment.
Désormais habitué aux sorties de novembre, Johnny profite de la vague positive des *Vieilles Canailles*, pour enchaîner sur un 49e album studio. Cette fois-ci, tout est calme pour le lancement. Johnny n'est plus abonné aux rubriques people et faits-divers. La promo peut donc se concentrer uniquement sur l'aspect artistique de *Rester vivant*.

RESTER VIVANT (2014) – 49e album

Pour être franc, cela faisait longtemps que Johnny n'avait pas sorti un album digne de ce nom. Le dernier, *Sang pour sang*, date de 1998. Pour être intransigeant avec ceux qu'on aime, il faudra sûrement remonter à 1985, *Rock'n'roll Attitude*, disque cousu main et sur mesure par Michel Berger.

JOHNNY : L'ÉTERNEL RETOUR
Du Stade de France aux scènes de Las Végas, le spectacle est le seul pays du chanteur.

LA MUSIQUE…
ET PARFOIS LE SILENCE
Johnny se laisse des moments où il se retrouve, des moments de grâce où le monde n'existe plus

LA LÉGENDE N'OUBLIERA PAS DE VIVRE
L'œuvre de Johnny et des auteurs de ses chansons restera dans le cœur de ses milliers de fans.

Comme l'écrit *Le Figaro* du 17 novembre 2014 : « *Hallyday, lucide, dit lui-même qu'il s'agit de l'album dont il est le plus fier depuis trente ans.* L'attente, *en 2012, avait constitué une première étape de son rétablissement artistique, après l'embarrassant* Jamais seul, *l'année précédente.* »
Johnny se fait plaisir et convoque avec délicatesse un réalisateur du cru. Don Was est, depuis le début des années 90, le collaborateur attitré des Rolling Stones en studio. On lui doit également les albums studio d'Iggy Pop, Bob Dylan ou Zucchero. Il est aussi le président de Blue Note.

Avec Don Was, *Rester vivant* navigue entre blues, soul, country et rock'n'roll avec classe et un certain panache comme sur ce blues un brin mutant « J't'ai même pas dit merci », écrit par Christophe Miossec et Gary Wright.
Quant à la chanson « À nos promesses », on roule sur Asbury Park en espérant croiser les SDF de la chanson « Born To Run » de Bruce Springsteen.

Janvier 2015

Le dimanche 11 janvier 2015, des millions de Terriens à travers le monde regardent, abasourdis, à la télévision un million et demi de Français rassemblés au pied du génie de la Liberté. Accablés, meurtris dans leur chair, des hommes, des femmes, des enfants, quarante chefs d'État défilent à Paris en ce dimanche de

Rockabilly, country et blues se côtoient avec élégance

janvier. Les attaques terroristes qui ont visé les journalistes et dessinateurs de *Charlie Hebdo* ainsi que des clients d'une supérette casher de la porte de Vincennes ont ébranlé le pays. La France est Charlie malgré les tensions sociales et géopolitiques qui divisent ses enfants.

De son côté, Johnny est stupéfait des événements tragiques qui se sont produits dans la capitale. Il pense à écrire des mots pour évacuer le traumatisme.
Dans la froideur de ce dimanche de janvier, l'émotion est palpable. Johnny n'osera pas laisser son cœur guider la plume.
Mais l'envie est là, profondément ancrée.
Le cœur en peine, il va préparer la tournée « Rester vivant » qui débutera à l'automne 2015.

Novembre 2015

En ce 13 novembre 2015, la soirée devait être belle comme à chaque rencontre internationale de football. La France rencontre l'équipe d'Allemagne au Stade de France et, aux quatre coins de Paris, des concerts ont lieu comme à l'habitude. Les Parisiens entament leur week-end à la terrasse des cafés.
La soirée vire au cauchemar lorsqu'une première attaque terroriste a lieu sur le parvis du Stade de France à Saint-Denis.
D'autres attaques ont ensuite lieu à Paris dans plusieurs rues des 10e et 11e arrondissements. Le Bataclan est également la cible d'une attaque meurtrière où 1500 fans du groupe rock américain Eagles of Death Metal sont pris au piège.
Le bilan officiel de cette nuit en enfer s'élèvera à 132 morts et 413 blessés hospitalisés.
Certains verront un signe : le 13 novembre est aussi le jour de la sortie du 50e album de l'idole. *De l'amour*, passera évidemment inaperçu au regard du drame que traverse le pays.
Six semaines après sa sortie, le besoin d'amour est plus fort que tout. 325 000 exemplaires ont été vendus grâce, entre autres, à la promotion de « De l'amour», écrit par Miossec, qui ouvre l'album.
Rockabilly, country et blues se côtoient avec élégance, sans débauche inutile de guitares électriques devenues insupportables au fil des derniers albums de Johnny. Vincent Delerm lui a cousu main les paroles de « Une vie à l'envers ». « Dans la peau de Mike Brown » aborde, dans une transe nocturne et sombre, la bavure policière de Darren Wilson à Fergusson, qui a provoqué la mort de ce jeune Noir américain de 18 ans, en 2014.
Un orgue Hammond, une pedal steal et un guitare sèche soutiennent avec délicatesse la sublime voix de Johnny sur « Tu es là ».
Avec « Valise ou cercueil », les premiers accords de guitare nous rappellent le souvenir vibrant de « There there » de Radiohead.
Le thème : Les migrants, l'errance.
La Nouvelle-Orléans et le Zydéco festif signé Miossec et Yodelice pour « Mon cœur qui bat ».
« Un dimanche de janvier », écrit par Jeanne Cherhal, est la chanson qui restera gravée dans la mémoire collective.
Des millions de regards et de larmes à peine essuyées / des millions de pas sur les boulevards, un dimanche de janvier / J'avais ta main petite dans la mienne recroquevillée / Nos cœurs battaient de plus en plus vite / Ce dimanche de janvier.

Le 10 janvier 2016, vêtu d'une gabardine foncée sur une chemise et une cravate noires, le visage grave, Johnny interprète « Un dimanche de janvier » sur une scène installée place de la République, en hommage aux victimes des attentats. L'hommage est diffusé en direct sur plusieurs chaînes de télévision et suivi par plusieurs millions de téléspectateurs.
La polémique qui suivra la prestation attristera profondément la star. Selon *La Lettre de l'Expansion*, la prestation de quelques minutes lors de cette cérémonie aurait coûté 30 000 euros à la Mairie de Paris. Cette somme aurait servi, entre autres, à payer le déplacement du chanteur et de sa femme Laeticia depuis Los Angeles ainsi qu'à la rémunération d'un maquilleur et d'un coiffeur. En revanche, Johnny n'aurait touché aucun cachet pour sa prestation.
Interrogée par *Le Progrès*, la Mairie de Paris a démenti cette somme, évoquant plutôt 17 000 euros, qui auraient servi aux dépenses techniques : montage et démontage de la scène, le câblage, les techniciens. Le reste aurait été pris en charge par la maison de disques, selon les dires de Matthieu Lamarre, responsable presse de la Mairie de Paris.
Un mois plus tard, Johnny, 72 ans, débarque sur la scène des Victoires de la Musique pour recevoir sa dixième Victoire pour l'album *De l'amour*. Avec ses dix récompenses, il se rapproche du recordman des Victoires, Alain Bashung, avec ses douze récompenses.

« Johnny est indéniablement un séducteur. Malgré ses allures de roc, il est en doute perpétuel, comme un gamin. De ce fait, il a envie de tout, et une notion de plaisir énorme. C'est très séduisant de voir l'envie d'un adolescent dans les yeux d'un homme de son âge.

Zazie, auteur du titre *Allumer le feu*

« Un réel plaisir d'être entre Johnny Hallyday et Eddy Mitchell, c'était mes deux premières idoles, mes deux premiers 45 !

Paul Personne, le 28 juin 1993, dans *Pollen* sur France Inter

«Mon cher Johnny, c'est d'abord pour moi un grand privilège de te voir avec une cravate. Je dois dire que ce sera pour moi un souvenir, et je dirais, un génie, chacun le sait, mais aussi de la sensibilité, de l'émotion, un cœur gros comme une maison, quelqu'un qui aime, la vie, la France, le monde, les jeunes, les moins jeunes. Etonnante personnalité, c'est le moins que l'on puisse en dire. »

Jacques Chirac, le 24 janvier 1997, lors de la remise de la Légion d'honneur de Johnny

« Johnny, c'est un mec normal. Un Français moyen. Il a des goûts de base. Il passe ses journées dans la cuisine à regarder les jeux à la télé et le téléachat. Il vit à Gstaad ou à Los Angeles dans une cour de star, mais en fait, ses goûts sont proches de ceux de la France profonde.

Pierre Billon

« Johnny est désarmant, vous savez. Tout le contraire de ce qu'on pourrait penser. Il est très timide, charmant et peut s'avérer très drôle. On a bien ri ensemble.

Nathalie Baye

La première partie de la tournée *Rester Vivant Tour*, débutée en juillet 2015, se termine le 27 mars 2016. La tournée sillonne la France entière et s'arrête à Bruxelles les 26 et 27 mars 2016, quatre jours seulement après les attentats qui ont frappé la capitale belge.

La gare Bruxelles-Midi est en état de guerre lorsque je débarque pour assister au concert. *« Une partie de mon sang est française par ma mère et l'autre belge par mon père »*, lance Johnny aux milliers de fans en deuil.

Johnny terminera le show par ce titre imparable de Jacques Brel « Quand on n'a que l'amour ». Il dira : *« Je voudrais dédier ce morceau à toutes les victimes des attentats, à tous les Bruxellois et à tous les Belges. Je vous aime. »*

De retour à Paris pour quelques jours, Johnny insistera auprès de sa maison de disques pour que ce concert au Palais des Sports de Bruxelles soit gravé sur CD et DVD.

Il part ensuite pour une série de concerts à Nouméa et Papeete.

La dernière partie de cette tournée épuisante débute à Sedan le 29 juin pour une douzaine de représentations.

Johnny donne un concert à l'Opéra Garnier, le 10 juillet, au profit de la recherche contre le cancer. La tournée se termine le 21 juillet au théâtre antique de Vienne.

En septembre de la même année, Johnny retourne aux États-Unis et prend quelques jours de vacances bien méritées en Harley. En compagnie de ses amis bikers, il part dans un road movie filmé. Bandana sur la tête, le visage buriné comme un vieil Indien, Johnny et l'équipée sauvage partent de la Nouvelle-Orléans jusqu'à Los Angeles.

Une fois rentré, Johnny se met à la promotion du *Rester Vivant Tour*.

La pochette au fond noir du 29e album live laisse apparaître une tête de mort éclairée par-dessous. Le live, qui sort le 21 octobre 2016, débute par un instrumental signé Yarol Poupaud, sombre, électrique et puissant. Les guitares ainsi que la batterie se déchaînent comme un ouragan, avant d'enchaîner sous les applaudissements du public belge par « Rester Vivant », qui prend toute sa dimension quatre jours après le drame. Le show est lancé et plonge dans une série de succès : « Ô Carole », « Noir c'est noir », « Requiem pour un fou ». Vingt-huit morceaux dopés pour faire basculer Bruxelles entre joie et larmes.

Johnny peut profiter de sa petite famille, en cette fin d'année 2016, avec le sentiment du travail accompli. Il a tourné dans deux films : celui de Guillaume Canet, *Rock'n roll (sortie le 15 février 2017)*, dans lequel il

PUISSANCE
Johnny en concert au Gran Teatre del Liceu à Barcelone, le 8 mars 2016.

LES TROIS MOUSQUETAIRES
En haut : Eddy, Jacques et Johnny, *Les Vieilles Canailles* en concert en 2017.
En bas : À Los Angeles, la vie américaine…

Johnny, c'est un des plus grands battants que l'on puisse connaître

joue son propre rôle aux côtés de sa femme Laeticia, dans leur maison de Marnes-la-Coquette. Un film drôle et jouissif. Et celui de Claude Lelouch, *Chacun sa vie (sortie le 15 mars 2017)*.

Tandis qu'en ce début d'année 2017, l'information sur son cancer des poumons est connue de tous, Johnny offre deux lots provenant de sa collection personnelle à l'occasion de la vente Artcurial Motorcars, qui doit se dérouler le 10 février dans le cadre du salon Rétromobile : une superbe Cadillac série 62, de 1953, et une Harley-Davidson Softail Springer de 1989. Les fonds seront reversés à l'association La Bonne Étoile, qui aide les enfants et les adolescents orphelins ou laissés pour compte en leur donnant un toit, un accès à l'éducation et aux soins. Hélène Darroze et Laeticia Hallyday sont les fondatrices de La Bonne Étoile.

La star fait tout pour rassurer ses fans. Une photo sur Twiter montre Johnny et ses musiciens devant des cabines de douche. Un genou posé sur le sol carrelé, la star adresse un doigt d'honneur et une grimace à l'objectif avec cette légende : « *En studio pour un nouvel album, Fuck The Cancer !* »

Le mercredi 8 mars 2017, sur les coups de 21h30, un message posté de Los Angeles sur ses comptes Twitter et Facebook met fin à plusieurs semaines de fausses rumeurs autour de son état de santé. Il réagit surtout aux unes parues dans *Ici Paris* et dans *Closer* annonçant que son état de santé est très alarmant.

« *Bonjour à tous, L'affluence de mensonges qui circulent sur mon état de santé me choque profondément. Les informations alarmistes répandues par certains médias et les réseaux sociaux sont erronées, gênantes et indignes. La pudeur et la discrétion devraient rester de mise dans ce type de propos, ne serait-ce que par respect pour les miens. Alors, je vous rassure, je vais très bien et suis en bonne forme physique. On m'a effectivement dépisté il y a quelques mois des cellules cancéreuses pour lesquelles je suis actuellement traité. Je suis suivi par d'excellents professeurs en qui j'ai une totale confiance. Mes jours ne sont aujourd'hui pas en danger. C'est un combat que je mène fièrement avec ma femme Laeticia et mes proches. J'irai au bout pour tous ceux qui m'aiment. À bientôt sur scène.* »

Un message de sa fille Laura Smet met la planète « Johnny », en émoi : De retour de Los Angeles où elle a vu son père, elle écrit : « *Les nouvelles ne sont pas bonnes. Il y a quatre mois, mon père a appris qu'on lui avait diagnostiqué un cancer des poumons. Récemment, des métastases ont atteint son foie, son estomac et malheureusement son pancréas. Il est donc condamné. Mais malgré cela, il continue et continuera de se battre.* » Ce message envoyé sur le compte Facebook de l'actrice, le lundi 6 mars, sera très vite retiré et qualifié d'acte de piratage, avec dépôt de plainte.

Johnny se veut donc rassurant sur les réseaux sociaux et auprès des amis et connaissances qui, affolés, l'appellent au téléphone. Seuls sa famille et ses amis très proches étaient au courant depuis décembre 2016.

À la mi-février, Johnny téléphone à Eddy Mitchell et Jacques Dutronc afin de les mettre dans la confidence. Il les rassure sur le fait que *Les Vieilles Canailles* ne seront pas remises en question. Johnny attend avec impatience cette tournée qui sera « *sold out* ». Dix-sept concerts en perspective du 10 juin au 5 juillet.

« *Je pense que remonter sur scène, ça va me redonner la pêche, et puis avec mes deux acolytes...* » (JT TF1, le 4 juin 20h).

Lors de cette interview en direct sur TF1 pour la promotion de la tournée, Jacques Dutronc, qui l'accompagne avec Eddy Mitchell, ajoute : « *Je pense que c'est Johnny qui va nous soutenir, c'est le plus costaud... Est-ce que vous vous rendez compte de ce qu'il a fait et ce qu'il va faire encore ? Pour combattre ça, il faut un tabouret et un fouet parce que c'est un félin.* » À propos de la tournée : « *Je n'ai pas pu dire non à mon ami Johnny, c'est un des plus grands battants que l'on puisse connaître.* »

Le samedi 24 juin 2017, l'*AccorHotels Arena* est plein comme un œuf pour applaudir son chouchou. Pour apporter encore plus de poids à cette soirée, le concert des *Vieilles Canailles* est retransmis en direct sur TF1, à 20h50. Les trois amis et légendes de la chanson française se retrouvent pour célébrer avec leurs fans les classiques de leur répertoire, à la manière des *Rat Packs* (*le club des rats*), très célèbres aux États-Unis dans les années 50 pour leurs concerts qui réunissaient sur la même scène Frank Sinatra, Dean Martin et Sammy Davis Jr. Entre les chansons, les trois hommes partaient dans des dialogues scénarisés qui faisaient hurler de rire l'assistance. Dean Martin jouait l'alcoolique classe, accoudé à un bar sur scène. Le concept des *Vieilles Canailles* est fortement inspiré de son cousin américain. D'ailleurs, sur la scène des *Vieilles Canailles*, pendant que Jacques Dutronc interprète « L'Opportuniste », ses deux comparses s'accoudent au bar installé au fond

C'est un mec d'une grande générosité, il a tout partagé avec tout le monde, donc écrire pour lui ça n'a pas été si compliqué. Il y avait juste à penser fort, et la chanson est arrivée. Je connais des gens qui chantent bien, mais là, c'était assez exceptionnel.

Francis Cabrel

Le train de vie de Johnny est le train de vie d'une star mondiale, or Johnny n'a pas les revenus que peuvent avoir certains chanteurs qui tournent dans le monde entier...

Jean-Claude Camus

Un artiste d'une grande intelligence, d'une grande intuition, d'un immense instinct, d'une grande timidité et d'une immense générosité. J'ai rarement eu un ami comme lui.

Philippe Labro,
auteur de 27 chansons de Johnny, le 6 décembre 2017

“On a tous quelque chose de Johnny. De Johnny Hallyday nous n'oublierons ni le nom, ni la gueule, ni la voix, ni surtout les interprétations, qui, avec ce lyrisme brut et sensible, appartiennent aujourd'hui pleinement à l'histoire de la chanson française. Il a fait entrer une part d'Amérique dans notre Panthéon national.

Emmanuel Macron,
le 6 décembre 2017

“Il sera toujours avec nous. Il a toujours été un héros. C'est quelqu'un qui nous a beaucoup inspirés, qui avait une force de caractère hors norme. Il était un grand exemple pour nous tous.

Michel Polnareff,
le 6 décembre 2017

“Sa générosité lui permettait tout. Il est en nous. Il ne partira que quand nous partirons. Il a incarné la vie, l'amour unique réponse au "noir c'est noir".

Jean-Pierre Raffarin,
le 6 décembre 2017

de la scène. Juste avant le concert retransmis sur TF1, Laeticia, la femme de Johnny, répond à Nikos Aliagas en direct : « *Il mène un combat avec courage, dignité et force.* »

Avant d'entamer le légendaire « Pénitencier » (*House of the Rising Sun*) de The Animals, Johnny Hallyday prend le micro : « *Ce soir, j'aimerais saluer Laeticia, ma femme, faire un baiser à mes filles, Jade et Joy, dire à mon fils David que je l'aime et à mon petit-fils, son fils, que je l'aime également.* » Les 15 000 personnes et les millions de téléspectateurs retiennent leurs larmes, des larmes d'amour pour un homme qui est devenu, avec le temps, un membre de leur famille. Pendant ce temps, Maxime Nucci (Yodelice) travaille sur le prochain album. Miossec ou Pierre-Dominique Burgaud font partie des paroliers qui figureront sur le prochain album prévu pour 2018, avec une tournée dans la foulée.

Le 17 novembre, l'album hommage *On a tous quelque chose de Johnny* sort dans les bacs et interroge sur cette venue, en pleine période d'inquiétude. D'autant que le choix des artistes reprenant les succès de l'idole reste, là aussi, une énigme. Il est clair que reprendre les chansons de Johnny engage ceux qui s'y collent à une comparaison violente. Une fois la déception passée, certains ont quand même réussi à tirer leur épingle du jeu. Yarol Poupaud, le guitariste et directeur musical du chanteur depuis 2012, a réalisé ces seize reprises.

1. C'est Kendji Girac qui s'y colle pour ouvrir les hostilités en s'attaquant au culte « L'Envie ». Le jeune chanteur a une belle voix, mais ne fait que copier, en moins bien, l'original. Idem pour les arrangements qui ne prennent aucun chemin de traverse. Une copie qui donne envie de réécouter la matrice.

2. « Marie », interprétée par Slimane, apporte par la voix du vainqueur de la saison 5 de *The Voice*, une certaine fraîcheur nostalgique.

3. «Ma Gueule », Garou : le karaoké est ouvert ce soir. Garou arrose les enceintes de sa voix de Shrek, en voulant prouver qu'il a la puissance de Johnny. Trop dans sa zone de confort, cette reprise est décevante. L'idée de faire chanter une balade à Garou aurait été plus judicieuse et originale.

4. « Retiens la nuit », Benjamin Biolay : le côté désuet et rétro de cette reprise ressemble à un petit bonbon que l'on veut garder en bouche le plus longtemps possible. Et puis, entendre Biolay chanter est un événement. L'orgue qui flirte avec la guitare apporte un supplément d'âme.

5. « Toute la musique que j'aime », Louane : j'ai eu peur, et puis je me suis calé au fond du fauteuil, rassuré et surpris. Les arrangements un brin country, un brin cajun, apportent un nouveau regard sur le classique de Johnny. La voix légèrement voilée et laid back de Louane nous titille sur les couplets avant de nous convaincre sur les refrains, comme une princesse blues-country. Décidément, cette petite a du talent.

6. « Gabrielle », Thomas Dutronc : j'aime les arrangements de cette reprise et ce petit côté punk dans la voix du gendre idéal qu'est Thomas Dutronc. Il y a un zeste de David Byrne des Talking Heads, « Psycho Killer », dans certaines de ses intonations, c'est fun.

7. « Noir, c'est noir », Lisandro Cuxi : cet album étant l'arrière-salle de l'émission *The Voice*, voici maintenant le gagnant de la sixième saison. (Ils auraient pu livrer le buzzer en cadeau.) Bien sûr, on dira : « *C'est un album hommage qui n'a rien de comparable à l'original.* » Bon ok, mais là, je décroche. Trop jeune, trop cliché. Je m'agace.

8. « J'ai oublié de vivre », Patrick Bruel : commencer la chanson par « À force de briser dans mes mains des guitares », sur une ballade au piano, fallait y penser ! Rien de bien original à se mettre sous la dent, et puis le cœur qui se serre soudain lorsque les ballets sur une caisse claire discrète se mettent à insuffler un double rythme qui m'emporte et me rappelle le classique de Fred Neil, « Everybody's Talkin' », immortalisé par Harry Nilsson en 1969 dans le film culte, *Macadam Cowboy*.

9. « Le pénitencier », Gauvain Sers : le petit côté sautillant de cette version est agréable à écouter. La voix un peu criarde de Gauvain (sur cette version) m'empêche de m'emballer.

10. « Requiem pour un fou », Florent Pagny : on est dans le classique, sans fioriture. On imagine bien les bottes en cuir à lacets de Florent, son long manteau en peau de bête. J'aime bien Florent Pagny et j'adore cette chanson. Johnny en avait fait une interprétation majestueuse au Pavillon de Paris. J'avais quinze ans, j'y étais et il m'avait hypnotisé. Florent ne l'a pas galvaudée.

11. « Les coups », FFF : Yarol (déjà dans la place) n'a pas eu de mal à rappeler ses potes de FFF pour mettre la tête dans la marmite. Ce groupe a quelque chose de différent. Une énergie spéciale qui rend ce vieux classique que Johnny avait emprunté au gigantesque Stevie Wonder « Uptight (Everything's Alright) », enregistré avec les Funk Brothers, détonant. Pas étonnant donc que FFF ait décidé de dynamiter cette reprise. Bravo !

12. « Que je t'aime », Amel Bent : jolie voix, rien de surprenant.

13. « Je te promets », Gaëtan Roussel : très jolie interprétation de Gaëtan Roussel. Comme le dit la chanson : « *Je te promets une histoire différente des autres* », pari réussi.

14. « Quelque chose de Tennessee », Nolwenn Leroy :

Nolwenn a une magnifique voix, mais s'attaquer à ce standard intouchable déçoit forcément. Trop propre, trop scolaire, y a rien qui dépasse. Relire et relire encore et encore l'œuvre de Tennessee Williams pour apprendre à mettre de la chair et du sang dans cette interprétation. Peut-être que les fêlures d'un Miossec ou les mondes à part du très très regretté Bashung auraient pu apporter quelque chose de différent… peut-être.

15. « Tes tendres années », Raphaël : très jolie version à écouter au pied du sapin de Noël.

16. « Elle m'oublie », Calogero : la force de Calogero est d'attirer le monde dans son univers, dans sa bulle. Sa voix touchante, aérienne et si particulière nous fait « enfin » oublier l'original. Il aura fallu attendre le dernier morceau pour s'emballer. C'est sans aucun doute la réussite de cet album hommage.

On a donc tous quelque chose en nous de Johnny ? Bien évidemment. Simplement, il fallait juste lire entre les lignes et les silences. Il fallait juste faire la différence entre les mots et les actes. Johnny habite à Los Angeles, sous un climat exceptionnel, suivi par les plus grands spécialistes américains. Pourquoi serait-il rentré dans le froid et la grisaille de Paris ? Si ce n'est pour mourir en paix dans son pays, auprès des siens, auprès de son public. Johnny a été hospitalisé en urgence dans la nuit du dimanche 12 au lundi 13 novembre à Paris, pour détresse respiratoire. Il devait rester sous surveillance. Là aussi, il fallait lire entre les paroles des uns et les fausses rumeurs des autres. Malgré les avis contraires, Johnny est rentré dans sa maison de Marnes-la-Coquette, dans les Hauts-de-Seine, le 18 novembre pour retrouver son cercle proche et sa famille. Certains évoquent le fait que Johnny souhaitait également terminer ce qu'il a entrepris : son prochain album réalisé avec Yarol Poupaud et Yodelice.

Du matériel d'enregistrement aurait été installé dans sa chambre pour que la star puisse s'acquitter d'un dernier morceau. On est à deux doigts de plonger dans la comparaison sordide de « Show Must Go On ».

Dans son *Graceland* à la française, Johnny a posé ses bagages et baissé sa garde. Il est notre miroir. Le reflet et la bande originale de notre propre vie.

R.I.P.

« C'est ma dernière cigarette, mon dernier verre de rhum, j'ai droit à deux minutes, pour la prière des hommes. On m'en a jamais apprise, et j'ai peur comme un enfant, Oh Dieu, que cette aube est grise, pour mourir maintenant » (« Sauvez-moi », 1972)

« Adieu, cher Johnny Hallyday. Ton amitié, ta douceur et ton soutien sont gravés dans mon cœur. C'est un honneur de t'avoir connu et d'avoir passé du temps avec toi et ta famille. Ton âme est du pur rock'n roll. Repose en paix.

Lenny Kravitz,
le 6 décembre 2017

« Comme toute la France, mon cœur est brisé. J'ai perdu l'amour de ma jeunesse et rien ne pourra jamais le remplacer.

Sylvie Vartan,
le 6 décembre 2017

« Johnny Hallyday est parti. J'écris ces mots sans y croire. Et pourtant c'est bien cela. Mon homme n'est plus. Il nous quitte cette nuit comme il aura vécu tout au long de sa vie, avec courage et dignité.

Læticia Hallyday,
le 6 décembre 2017

DISCOGRAPHIE

HELLO JOHNNY *(Vogue).*

Sortie le 31 octobre 1960

Souvenirs, souvenirs
Depuis qu'ma môme
Je cherche une fille
Pourquoi cet amour
J'suis mordu
Itsy bitsy petit bikini
Laisse les filles
J'étais fou
Je veux me promener
T'aimer follement

NOUS LES GARS, NOUS LES FILLES

(Vogue). Sortie le 1er mars 1961

Nous les gars, nous les filles
Oui, mon cher
Le p'tit clown de ton c?ur
Ce s'rait bien
Ce n'est pas méchant
Tu parles trop
Kili watch
Une boum chez John
Mon septième ciel
Bien trop timide
Tu m'plais
Oui j'ai

JOHNNY HALLYDAY ET SES FANS AU FESTIVAL DE ROCK'N'ROLL

(Vogue). Sortie le 5 avril 1961

Depuis qu' ma môme
Oui j'ai
Bien trop timide
Souvenirs, souvenirs
Kili watch
Oui, mon cher
Une boum chez John
Tutti frutti

TÊTE À TÊTE AVEC JOHNNY

(Vogue). Sortie le 31 juillet 1961

À New Orléans
Sentimental
Mon vieux copain
Hey Pony
24 000 baisers
Si tu restes avec moi
Tu es là
Ton fétiche d'amour

VIENS DANSER LE TWIST

(Philips). Sortie le 20 septembre 1961 (en mono)

3 novembre 1961 (en stéréo)
Nous quand on s'embrasse
Toi qui regrettes
Avec une poignée de terre
Tu peux la prendre
Viens danser le twist
Let's twist again
Douce violence

SALUT LES COPAINS *(Philips)*

Sortie le 16 décembre 1961

Wap dou wap
Si tu me téléphones
Retiens la nuit
Nous quand on s'embrasse
Twist in USA
Toi qui regrettes
Sam'di soir
Viens danser le twist
Let's twist again
Douce violence
Danse le twist avec moi
Tu peux la prendre
Avec une poignée de terre
Il faut saisir sa chance

RETIENS LA NUIT

(Philips). Sortie le 9 février 1962

Retiens la nuit
Sam'di soir
Wap dou wap
Si tu me téléphones
Ya ya twist
La faute au twist
Twist in USA
Danse le twist avec moi

SINGS AMERICA'S ROCKIN'HITS

(Philips). Sortie le avril 1962

Shake the hand of a fool
Blueberry Hill
Hello Mary Lou
Feel so fine
Take good care of my baby
Bill Bailey
I got a woman
Be bop a Lula
You're sixteen
Whole lotta shakin'goin'on
Maybellene
Diana

MADISON TWIST

(Philips). Sortie le 27 juin 1962 (en mono) et le 7 septembre 1962 (en stéréo)

Madison twist
Hey! baby
Une fille comme toi
Serre la main d'un fou
Ce n'est pas juste après tout
Pas cette chanson
Dans un jardin d'amour
Laissez-nous twister

À L'OLYMPIA

(Philips). Sortie le 2 novembre 1962

Laissez nous twister
Elle est terrible
L'idole des jeunes
C'est une fille comme toi
Dans un jardin d'amour
Serre la main d'un fou
Pas cette chanson
Retiens la nuit
La bagarre - statics
C'est le Mashed Potatoes
Comme l'été dernier
Viens danser le twist
Tout bas, tout bas, tout bas
I got a woman

L'IDOLE DES JEUNES

(Philips). Sortie le 9 avril 1963

Tes tendres années
Tout bas, tout bas, tout bas
L'idole des jeunes
C'est le mashed potatoes
Elle est terrible
Poupée brisée
Comme l'été dernier
Mashed patatoes time

LES BRAS EN CROIX

(Philips). Sortie le 25 avril 1963

Les bras en croix
Chance
Poupée brisée
Quitte-moi doucement
T'as qu'seize ans
Elle est terrible
Tes tendres années
Quand un air vous possède
Parc'que j'ai revu Linda
Quand ce jour-là viendra
Dis-moi oui
Mashed patatoes time

DA DOU RON RON

(Philips). Sortie le 27 septembre 1963

Da dou ron ron
Quitte-moi doucement
Je ne danserai plus jamais
Dis-moi oui
Les bras en croix
Comme une ombre sur moi
Douces filles de seize ans
Quand un air vous possède

BONNE CHANCE

(Philips). Sortie le 27 février 1964

Les guitares jouent
Bonne chance
Quand je l'ai vue devant moi
Excuse-moi partenaire
Je t'écris souvent (version différente du 45t)
Dis-lui que j'en rêve
J'abandonne mes amours
Tu n'as rien de tout ça

OLYMPIA 64

(Philips). Sortie le mars 1964

Oh ! cette nuit
Les guitares jouent
Quand je l'ai vue devant moi
Je t'écris souvent
J'abandonne mes amours
Rien que huit jours
Tu n'as rien de tout ça
Non, non, non, non, je ne veux plus te blesser
Excuse-moi partenaire
Pour moi la vie va commencer
Ma guitare
Da dou ron ron
Shout

LES ROCKS LES PLUS TERRIBLES

(Philips). Sortie le 10 juillet 1964

Johnny, reviens !
Lucille
Au rythme et au blues
Tu me quittes
Celui que tu préfères
Rien que huit jours
Frankie et Johnny
Ô Carole
Belle
Susie Lou
Sally
Oh ! laisse-la partir

LE PÉNITENCIER *(Philips).*

Sortie le décembre 1964

Le pénitencier
Toujours plus loin
Mais je reviens
Ça fait mal
One more time, encore une fois
Je te reverrai
Les mauvais garçons
Pour moi tu es la seule

HALLELUYAH

(Philips). Sortie le 9 juillet 1965

Mes yeux sont fous
Les monts près du ciel
On a ses jours
Tu ne me verras pas pleurer
Juste un peu de temps
Celui qui t'a fait pleurer
Quand revient la nuit
Rock'n'roll musique
Va-t-en
Halleluyah (Pour nos joies et pour nos peines)
Plus je te regarde
Zeep a dee yeh
Pleurer auprès de toi

JOHNNY CHANTE HALLYDAY *(Philips).*

Sortie le 17 novembre 1965

Mon anneau d'or
Tu as de la chance
Toi qui t'en vas
Le diable me pardonne
Ne crois pas ça*
Un jour ou l'autre
Tu oublieras mon nom
À deux heures de chez toi
Avec une chanson
Je bois à sa santé
Ne joue pas ce jeu-là*
Dis à mon frère

LA GÉNÉRATION PERDUE *(Philips).*

Sortie le 19 octobre 1966

La génération perdue
On s'est trompé
Je me suis lavé les mains dans une eau sale
Quand un homme perd ses rêves
Don't need nobody
De loin en loin
Noir c'est noir
La fille à qui je pense
Je veux te graver dans ma vie
Le jeu que tu joues
Elle reviendra
Cheveux longs et idées courtes

OLYMPIA 67

(Philips). Sortie le 29 mars 1967

Les coups
La génération perdue
Si j'étais un charpentier
Je me suis lavé les mains dans une eau sale
Le pénitencier
Ne sois pas si stupide
Hey Joe
Jusqu'à minuit
Confessions
Je suis seul
Noir c'est noir

JOHNNY 67

(Philips). Sortie le 2 juillet 1967

Amour d'été
J'ai crié à la nuit
C'est mon imagination
Je m'accroche à mon rêve
Je n'ai jamais rien demandé
Lettre de fans
Aussi dur que du bois
Pourquoi as-tu peur de la vie ?
La seule vraie musique
La petite fille de l'hiver
Son amour pour un jeu
Petite fille

AU PALAIS DES SPORTS 1967 *(Philips). Sortie le 16 novembre 1967*

Lucille
Les coups
Petite fille
Mon fils
Si j'étais un charpentier
Je veux te graver dans ma vie
San Francisco
Fleurs d'amour et d'amitié
Aussi dur que du bois
Noir c'est noir
Lucille (en anglais)

JEUNE HOMME

(Philips). Sortie le 24 juin 1968

Jeune homme
Je n'ai pas voulu croire
Au pays des aveugles
À tout casser
Cheval d'acier
Le mauvais rêve
Mal
Quand l'aigle est blessé
L'histoire de Bonnie and Clyde
Ma vie à t'aimer
Le ciel nous fait rêver (version 1)
Hit parade

RÊVE ET AMOUR *(Philips).*

Sortie le 21 octobre 1968

Entre mes mains
Cours plus vite Charlie
Non, ne me dis pas adieu
En rêve
Attention
Je pars demain
Fumée
Je suis l'amour
J'ai peur, je t'aime
Sans une larme
Dans ma vie
Quand on sifflait

QUE JE T'AIME (PALAIS DES SPORTS 1969)

(Philips). Sortie le 6 mai 1969

À tout casser
Rivière... ouvre ton lit
Mal
Je n'ai pas voulu croire
Fumée
Que je t'aime
Voyage au pays des vivants
Je te veux
Je suis né dans la rue

RIVIÈRE... OUVRE TON LIT *(30 cm Philips).*

Sortie le 6 mai 1969

Rivière... ouvre ton lit
Voyage au pays des vivants
Amen
Viens
Réclamation
Regarde pour moi
Je te veux
Les anges de la nuit
Je n'ai besoin de personne
Je suis né dans la rue

VIE *(Philips). Sortie le 6 novembre 1970*

Essayez
Lire dans tes yeux
La pollution
Rendez-moi le soleil
Dans ton univers
C'est écrit sur les murs
Poème sur la septième
La fille aux cheveux clairs
Le monde entier va sauter
Deux amis pour un amour
Jésus-Christ

FLAGRANT DÉLIT

Sortie le 19 Juin 1970

Flagrant délit
Fils de personne
Oh ! Ma jolie Sarah
Il faut boire à la source
Fille de nuit
Si tu pars la première
L'autre moitié
La loi
Que j'aie tort ou raison
Tant qu'il y aura des trains

LIVE AT THE PALAIS DES SPORTS

Sortie le 3 novembre 1971

Je suis né dans la rue
Fils de personne
Fille de la nuit
La fille aux cheveux clairs
Voyage au pays des vivants
Que je t'aime
La loi
Voyez ce que je veux dire
Il faut boire à la source
Essayez
Si tu pars la première
Oh ! ma jolie Sarah
Jenny Jenny Jenny
Blue Suede Shoes
Whole lotta shakin' goin'on

COUNTRY, FOLK, ROCK

Sortie le 28 Juin 1972

Ma main au feu
Joe, la ville et moi
Hello US USA
Mon amour à Marie
Comme si je devais mourir demain
E dio creo la donna
Rien n'vaut cett'fille-là
Viens le soleil
Toi, tu voles l'amour
Sauvez-moi
Tomber c'est facile
Comme un lion en hiver

INSOLITUDES

Sortie le 25 avril 1973

La musique que j'aime
Tu peux partir si tu le veux
Comme un corbeau blanc
Le sorcier maudit
La prison des orphelins
Soupçons
Le feu
La solitude
Moraya
J'ai besoin d'un ami
Le droit de vivre

JE T'AIME, JE T'AIME, JE T'AIME

Sortie le 29 mai 1974

Je t'aime, je t'aime, je t'aime (Michel Mallory / Jean Renard)
Mon amour perdu (Michel Mallory)
Hey Louisa ! (Michel Mallory / Gary Wright)
J'ai pleuré sur ma guitare (Loving Arms) (Michel Mallory / Tom Jans)
Danger d'amour (Michel Mallory / Johnny Hallyday)
Prends ma vie (Michel Mallory / Jean Renard)
Je construis des murs autour de mes rêves (Michel Mallory / Johnny Hallyday)
Chanson pour Lily (Michel Mallory)
Trop belle, trop jolie (Michel Mallory / Johnny Hallyday)
Le Rock'n'Roll (Michel Mallory)

ROCK'N SLOW *(Philips). Sortie le 27 novembre 1974*

Rock'n'roll man
C'est une Honky Tonk Woman
17 ans
Nadine
Johnny rider
Venez tous avec moi
À propos de mon père
À l'hôtel des coeurs brisés
Laisse-moi le temps de t'aimer
Ma panthère noire
Voici le monde
Interdit au moins de 13 ans

ROCK A MEMPHIS

(Philips). Sortie le 21 mai 1975

Ma chérie c'est moi
37e étage
La fille de l'été dernier
Dégage
Jeanie, Jeanie et ta sœur
Ma Mississippi Queen
Tutti frutti
Memphis USA
Oh ! Sally
Comme un fou
Qu'est-ce que tu fais à l'école
Un garçon sur la route
Adieu miss Molly

LA TERRE PROMISE

(Philips). Sortie le 17 septembre 1975

La terre promise
L'histoire de Bobby McGee
Je t'aime à l'infini
Hey lovely lady
C'est bon
Les larmes de Belinda
Quand je reviendrai
La première fois
Tout ce que tu veux
Reste avec moi cette nuit
Promesses
La ruée vers l'or
Une fille sans importance

DERRIÈRE L'AMOUR

(Philips). Sortie le 30 juin 1976

Le jour J, l'heure H
Rendez-vous en enfer
Merci
Joue pas de rock'n'roll pour moi
Requiem pour un fou

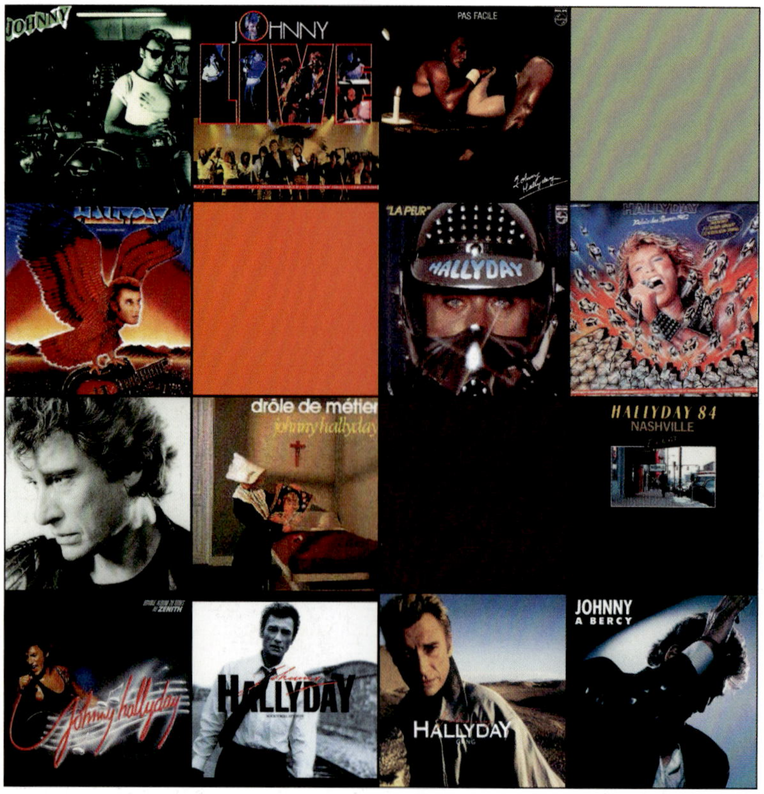

Gabrielle
Le ghetto
L'étranger
Derrière l'amour
Les chiens de paille
Né pour vivre sans amour

HAMLET HALLYDAY

(Philips). Sortie le 7 septembre 1976

Ouverture
Prologue
Le vieux roi est mort
Le spectre du roi
L'orgie
Prière du spectre à Hamlet
Roi vivant
J'effacerai de ma mémoire
Je suis fou
On a peur pour lui
Ophélie, oh folie
L'asticot roi
Je lis
Quel mal te bouffe
Doute
To be or not to be
Un trone est sans roi
Tue-le
Ta mère est putain
Pour l'amour
Le cimetière
Écoutez
La mort d'Ophélie
Je l'aimais
Il est fou
Le duel
La mort d'Hamlet
Le rideau tombe

PALAIS DES SPORTS 76 HALLYDAY STORY

(Philips). Sortie le 20 octobre 1976

Présentation
Da dou ron ron
Elle est terrible
Tes tendres années
Retiens la nuit
L'idole des jeunes
I got a woman
Johnny reviens
Si j'étais un charpentier
Le pénitencier
Hey Joe
Pour moi la vie va commencer
Les coups
Jusqu'à minuit
Je suis seul
Noir c'est noir
Rock'n'roll Man
Que je t'aime
La fille de l'été dernier
Requiem pour un fou
Joue pas de rock'n'roll pour moi
Né pour vivre sans amour
Gabrielle
Derrière l'amour
Ma chérie c'est moi
La terre promise
La musique que j'aime

C'EST LA VIE

(Philips). Sortie le 18 octobre 1977

Tant pis... c'est la vie
C'est pas comme ça que tu l'oublieras
Vivre
La croisière des souvenirs
Un homme comme les autres
Au secours
J'ai oublié de vivre
Les filles du paradis
Je suis vraiment très bien
Le rock'n'roll est né

SOLITUDE A DEUX

(Philips). Sortie le 21 juin 1978

Elle m'oublie
Salut Charlie
La fille du square
Cet homme que voilà
Revoilà ma solitude
La première pierre
Va te cacher
Lolita
Un coup pour rien
Le pétrole
Je vous la donne

HOLLYWOOD *(Philips). Sortie le 30 janvier 1979*

Le bon temps du rock'n'roll
Tout m'enchaîne
Tu n'es pas la seule fille au monde
Le cœur comme une montagne
Ce que tu as fait de moi
Fais ce que je dis, pas ce que je fais
Dommage
Comme un voleur
Du même côté de la rivière
T' as le bonjour de l'amour

AU PAVILLON DE PARIS

(Philips). Sortie le 12 novembre 1979

Prologue
L'ange aux yeux de laser
Fils de personne
Comme le soleil
Ma chérie c'est moi
Moi je t'aime
Le feu
Entre mes mains
Ma gueule
La terre promise
Le pénitencier
La fin du voyage
Sauvez-moi
La première pierre
Toujours là
Derrière l'amour
C'est mieux ainsi
Gabrielle
Qu'est ce que tu croyais ?
Rien que huit jours
Frankie et Johnny
Ô Carole
Lucille
Le bon temps du rock'n'roll

À PARTIR DE MAINTENANT

(Philips). Sortie le 25 juin 1980

À partir de maintenant
À double tour
Le chanteur sans amour
Je n'suis pas un héros
La seule fille que j'aime
Un diable entouré d'anges
Qu'est-ce qu'elle fait
La poupée qui fait non
Perdu dans le nombre
La fille de l'hiver

EN PIÈCES DÉTACHÉES

(Philips). Sortie le janvier 1981

Deux étrangers
Je peux te faire l'amour
Lady divine
Chez madame Lolita
Excusez-moi de chanter encore du rock'n'roll
Monsieur Paul
Guerre
La nuit crie au secours
Cette fille-là
Le blues, ma guitare et moi

JOHNNY LIVE 81

(Philips). Sortie le avril 1981

Guerre
Fils de personne
Lady divine
Le feu
Ma chérie c'est moi
Excusez-moi de chanter encore du rock'n'roll
Si j'étais un charpentier
La musique que j'aime
Gabrielle
Quand ce jour viendra
Salut Charlie
J'ai pleuré sur ma guitare
Ma gueule
Je peux te faire l'amour
Rien que huit jours
Ô Carole
Johnny reviens
Deux étrangers
Le bon temps du rock'n'roll

PAS FACILE *(Philips). Sortie le septembre 1981*

C'est pas facile
Je t'ai aimée
Il ne faut pas me ressembler
Bats-toi pour l'amour
Comme une femme
Le rock'n'roll c'est comme ça
J'en ai marre
Il n'y a plus de géant à l'Est d'Eden
Toujours le même
Je ne pourrai jamais l'oublier
La ville

QUELQUE PART UN AIGLE *(Philips). Sortie le 1er février 1982*

La caisse
Sage pour vous
On va vous en donner du rock
Mercredi matin
L'hosto
Mon Amérique à moi
Montpellier
Cure de blues
Décalage horaire

LA PEUR *(Philips). Sortie le 7 septembre 1982*

Le survivant
La peur
Veau d'or, vaudou
Je n'en suis plus capable
Cartes postales d'Alabama
Je suis victime de l'amour
Sans profession
Il nous faudra parler d'amour un jour
Oublier
Faire face
Ma voix de révolté

PALAIS DES SPORTS 1982 *(Philips). Sortie le 11 janvier 1983*

Introduction fantasmhallyday

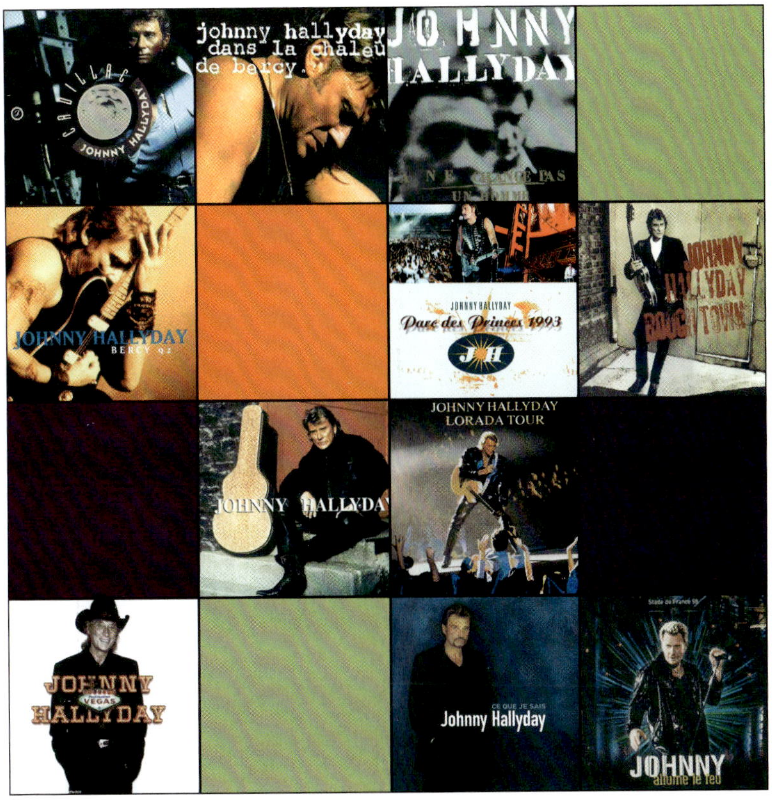

Fantasme
Le grand banquet
Veau d'or vaudou
La peur
Le survivant
Il nous faudra parler d'amour un jour
Voyage au pays des vivants
Je n'oublierai jamais
Cartes postales d'Alabama
Medley : Les coups
Jusqu'à minuit
Je suis seul
Montpellier
Je suis victime de l'amour
Medley : Da dou ron ron.
Elle est terrible
La fille de l'été dernier
Souvenirs-souvenirs
37e étage
Ô Carole.
Johnny reviens
Blue Suede Shoes
Rien que huit jours
Tutti frutti
La bagarre
Le bon temps du rock'n'roll

ENTRE VIOLENCE ET VIOLON *(Philips). Sortie le 9 septembre 1983*

Entre violence et violon
Les scellés sur ma vie
Laisse-moi une chance
Marie, Marie
Pour ceux qui s'aiment
L'amour violent
Quand un homme devient fou
Mes seize ans
La fille d'en face
Signes extérieurs de richesse

DRÔLE DE METIER

(Philips).

Mon p'tit loup
Nashville blues
Toi tais-toi
Saoule à mourir
Je sais que tu ne peux pas trouver mieux ailleurs
Génération banlieue
J'aimerais pouvoir encore souffrir comme ça
Au jour le jour
Drôle de métier
La tournée
J'ai du sentiment pour toi
Quand ça vous brise le cœur

HALLYDAY 84 NASHVILLE

(Philips). Sortie le 24 février 1984

Toi tais toi*
Mon p'tit loup*
J'aimerais pouvoir encore souffrir comme ça*
Saoule à mourir*
Quand ça vous brise le coeur*
Je sais que tu ne peux pas trouver mieux ailleurs*
(*version direct Nashville)
L'idole des jeunes
Blue Suede Shoes
Les années mono
If I were a carpenter[1]
Polk salad Annie[2]
Johnny B.Goode[3-4]
Nashville blues[5]
That's all right Mama[3]
Honey don't[4]
(Duo avec [1]Emmylou Harris, [2]Tony Joe White, [3]les Stray Cats, [4]Carl Perkins, [5]Don Everly)

JOHNNY AU ZÉNITH

(Philips). Sortie le 24 octobre puis 12 novembre 1984

Intro Zénith
Poing cœur
Je sais que tu ne peux pas trouver mieux ailleurs
J'ai oublié de vivre
L'amour violent
Signes extérieurs de richesse
Ne me quitte pas
Entre violence et violon
Quand un homme devient fou
Rien à personne
Ne tuez pas la liberté
Le cœur du rock'n'roll
Toi tais-toi
Drôle de métier
Hey Joe
J'aimerais pouvoir encore souffrir comme ça
Nashville blues
La garce
Je me sens si seul
Mon p'tit loup

ROCK AND ROLL ATTITUDE"

(Philips). Sortie le 26 juin 1985

Le chanteur abandonné
Qui ose aimer
Quelque chose de Tennessee
Équipe de nuit
La blouse de l'infirmière
Rock'n'roll attitude
Seul mais pas solitaire
Parker, connais pas
Aimer vivre
Pendue à mon cou

GANG *(Philips). Sortie le 6 décembre 1986*

L'envie / Je t'attends
J'oublierai ton nom (duo avec Carmel)
Toute seule
Je te promets
Laura
Tu peux chercher
Dans mes nuits... on oublie
Ton fils
Encore

JOHNNY À BERCY *(Philips). Sortie le 22 février 1988*

Rock'n'roll attitude
Dans mes nuits... on oublie
Pendue à mon cou
Mon p'tit loup
Laura
Que je t'aime
Je te promets
Qui ose aimer
Ma gueule
Le feu
L'envie
Le chanteur abandonné
J'oublierai ton nom (duo avec une choriste)
Gabrielle
Je t'attends
La musique que j'aime
Aimer vivre
Quelque chose de Tennessee

CADILLAC
(Philips). Sortie le 15 juin 1989

Les vautours
Mirador
Rien à jeter
Himalaya
Possible en moto
Cadillac
Si j'étais moi
L'étoile solitaire
C'est du vent
Testament d'un poète

DANS LA CHALEUR DE BERCY *(Philips). Sortie le 21 janvier 1991*

Ouverture Bercy 90
Je suis né dans la rue
Les vautours
Cadillac
Honky tonk women
Je ne suis pas un héros
Possible en moto
Quelque chose de Tennessee
Diego libre dans sa tête
Gabrielle
Le chanteur abandonné
Laura
Adeline
Mirador
Black blues voices
La musique que j'aime
Aimer vivre
La fille de l'été dernier
Dégage
Le bon temps du rock'n'roll
Je te promets
L'envie

ÇA NE CHANGE PAS UN HOMME *(Philips). Sortie le 10 décembre 1991*

Tout pour te déplaire
Roxy baby
Dans un an ou un jour
Ce jeu-là
Le nom que tu portes
Ça ne change pas un homme
Cadillac man
Et puis je sais
True to you
Amour facile
La guitare fait mal
Une journée
Pour exister
Tien an men

BERCY 92 *(Philips) Sortie le 19 janvier 1993*

Intro Bercy 92
Voyage au pays des vivants
Rock'n'roll attitude
Ça ne change pas un homme
Pour moi tu es la seule
Quelque chose de Tennessee
Hey Joe
Tien an men
Je veux te graver dans ma vie
La guitare fait mal
La musique que j'aime
Diego libre dans sa tête
True to you
Dégage
Que je t'aime
Gabrielle
Derrière l'amour
L'envie
Le bon temps du rock'n'roll
Je te promets
Poème sur la 7e
Blue Suede Shoes
Be bop a Lula
Whole lotta shakin' goin' on

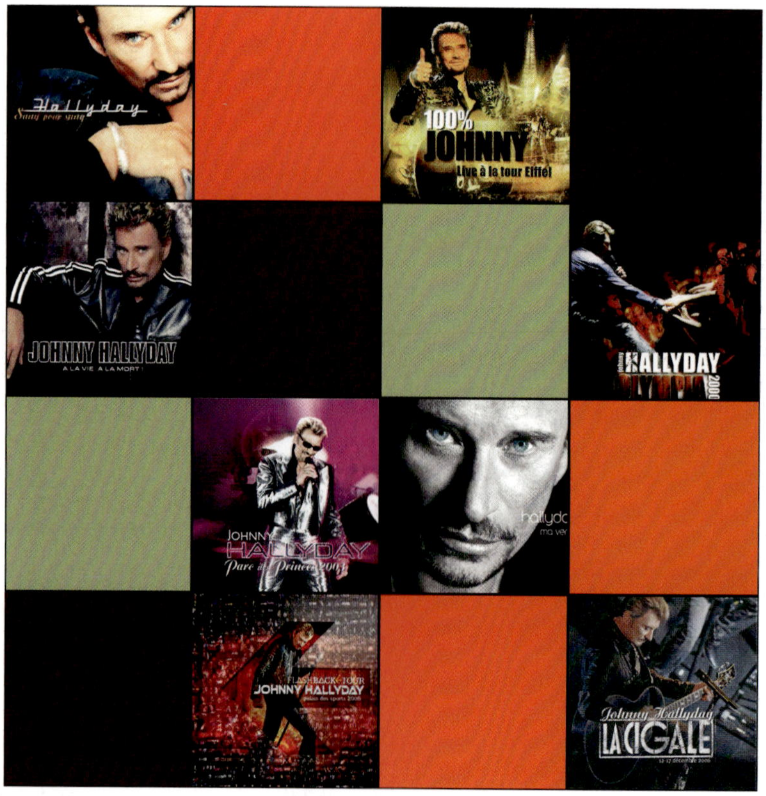

PARC DES PRINCES
(Philips) Sortie le automne 1993

Intro
L'idole des jeunes
Je serai là
Oh ! ma jolie Sarah (avec David Hallyday)
Noir c'est noir
Mirador (avec David Hallyday)
Medley : Les coups
Jusqu'à minuit
Aussi dur que du bois
Mal
Je suis seul
Le pénitencier
Laura
Requiem pour un fou
Que je t'aime
Quelque chose de Tennessee
Elle est terrible
Excuse moi partenaire
(avec Eddy Mitchell et Paul Personne)
Le bon temps du rock'n'roll

ROUGH TOWN *(Philips). Sortie le 4 octobre 1994*

Fool for the blues
I wanna make love to you
Love affair (duo avec Katty Mattea)
Hurricane
Can't stop wanting you
Are the chances gone
Rough town
Lightnin'
Dry spell
You're mine
Before you change your mind
It's a long way home

LORADA
(Philips) Sortie le 19 juin 1995

Lorada
Est-ce que tu me veux encore
Rester libre
Le regard des autres
Lady Lucille
Un rêve à faire
J'la croise tous les matins
Chercher les anges
Tout feu, toute femme
Quand le masque tombe
Ami
Aime-moi
Ne m'oublie pas

LORADA TOUR version Zippo
(Philips). Sortie le avril 1996

Introduction musicale
Gabrielle
Lady Lucille
J' la croise tous les matins
Hot legs
Diego, libre dans sa tête
Fool for the Blues
Oh ! ma jolie Sarah
Chercher les anges
Tes tendres années
Loving you
I'm Gonna sit right dight down and cry over you
That'as all right mama
Cours plus vite Charlie
Be bop a Lula
Joue pas de rock'n'roll pour moi
Toute la musique que j'aime
Ô Carole
Quelque chose de Tennessee
Le feu
Fils de personne
Quand le masque tombe
Are the change gone
L'envie
Requiem pour un fou
Dégage
Ne m'oublie pas
L'hymne à l'amour

DESTINATION VEGAS
(Phonogram). Sortie le 12 décembre 1996

Je vais te secouer
Miss Claudie
Memphis est loin d'ici
La ville des âmes en peine
Dans le bayou
Hi hell sneakers
Sur la route de Memphis
Chanter pour toi
Love me tender
Rouler sur la rivière
Jolie petite rock'n'rolleuse
Monnaie monnaie
Comme un roc

CE QUE JE SAIS *(Philips). Sortie le 24 janvier 1998*

Ce que je sais
Chacun cherche son cœur
Plus près de vous
Allumer le feu
Debout
C'est en France
Les moulins à vent
Seul
Nos limites
C'est la vie qui veut ça (duo avec Pascal Obispo)
L'Eldorado
Que ma Harley repose en paix
Le temps passé
Regarde-moi t'aimer

JOHNNY ALLUME LE FEU *(Philips). Sortie le 24 novembre 1998*

Intro
La musique que j'aime
Rock'n'roll man
Je veux te graver dans ma vie
La fille aux cheveux clairs
Medley rythm and blues : Noir c'est noir - Les coups - Jusqu'à minuit - Je suis seul
Aussi dur que du bois (duo avec Lionel Richie)
Derrière l'amour
Rock'n'roll attitude (duo avec Pascal Obispo)
Oh ! ma jolie Sarah
Et puis je sais (duo avec Patrick Bruel)
Partie Unpplegd :
Quand revient la nuit
Laura
Retiens la nuit
Si j'étais un charpentier
J'ai oublié de vivre
Joue pas de rock'n'roll pour moi

EUROPE 1

Salut Charlie
Gabrielle
Peter Gun
Je suis né dans la rue
Le pénitencier (avec F.Pagny)
La génération perdue
Le bon temps du rock'n'roll
Introduction symphonique
Que je t'aime
Ce que je sais
Requiem pour un fou (avec Lara Fabian)
Diego
L'envie
J'la croise tous les matins (avec Jean-Jacques Goldman)
Cet homme que voilà
Mon p'tit loup
Ô Carole
Dégage
Allumer le feu
Sur ma vie

SANG POUR SANG *(Philips)*

Sortie le 13 septembre 1999

Sang pour sang
Le poids de mes maux
Quelques cris
Un jour viendra
Notre histoire
Les larmes de gloire
Si tu m'aimais
Remise de peine
Partie de cartes
Pardon
Ex
Je t'aime comme je respire
Vivre pour le meilleur

100% JOHNNY LIVE À LA TOUR EIFFEL

(Philips) Sortie le 30 juin 2000

CD 1 : Introduction
Allumer le feu
Je suis né dans la rue
Je veux te graver dans ma vie
Le pénitencier
Quelque chose de Tennessee
Vivre pour le meilleur (avec Sonia Lacen)
Sang pour sang
Medley : Noir c'est noir
Jusqu'à minuit
Si j'étais un charpentier
Joue pas de rock'n'roll pour moi
Deux étrangers
Ma gueule (avec Rita Mitsouko)
Le feu
Medley instrumental : James Bond thème, Mission impossible, Peter Gunn
CD 2 : Que je t'aime
Fils de personne (avec Jean-Louis Aubert)
Quelques cris
Le bon temps du rock'n'roll
Le chanteur abandonné

Gabrielle
Derrière l'amour
Qu'est-ce que tu croyais
Toute la musique que j'aime (avec Florent Pagny et Nawfel)
L'envie
Aimer vivre
Non, je ne regrette rien

OLYMPIA 2000 *(Philips)*

Sortie le 28 novembre 2000

Je suis né dans la rue
Fils de personne
Le feu
Un jour viendra
Rock'n'roll attitude

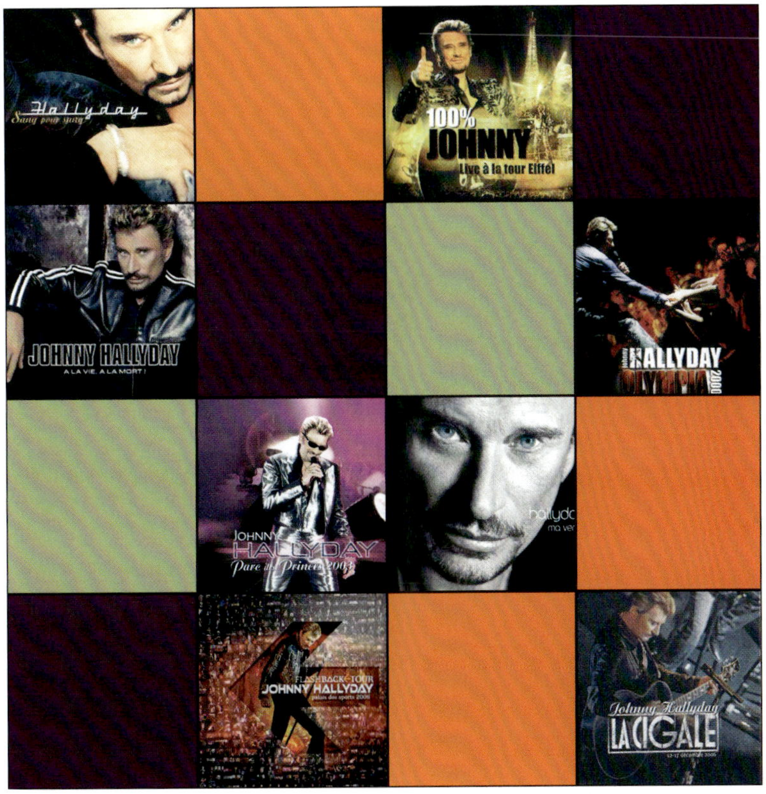

Cet homme que voilà
Je veux te graver dans ma vie
Diego, libre dans sa tête
Deux étrangers
Pardon
Nashville Blues
Toute la musique que j'aime
Gabrielle
Je te promets
Que je t'aime
Qu'est-ce que tu croyais
À propos de mon père
Le bon temps du rock'n'roll
Quelque chose de Tennessee
L'envie
Medley : Be bop a Lula, Blue Suede Shoes, Whole lotta shakin' going on
Non, je ne regrette rien

À LA VIE, À LA MORT

(Mercury)

Sortie le 4 novembre 2002

Entre nous
Dis-le moi
Marie
Ne reviens pas
J'ai rêvé de nous
Pense à moi
Laisse-moi tomber
Face au monde
Personne d'autre
Une femme
Ceux qui parlent aux étoiles
Si c'était à refaire
L'instinct

Je n'ai jamais pleuré
M'arrêter là
Trouve-moi des mots
Un homme libre
Je me souviens
Des hommes
Chanter n'est pas jouer
Elle veut ma vie
Arrête le temps
Au bord des routes

PARC DES PRINCES

(Universal)

Sortie le 4 novembre 2003

CD 1: Dans l'arêne
Que je t'aime
Fils de personne
Gabrielle
Pense à moi

Quelque chose de Tennessee
Que restera-t-il ?
J'oublierai ton nom (avec Isabelle Boulay)
Ô Carole
Je n'ai jamais pleuré
Ma gueule
L'instinct (avec Gerald de Palmas)
Diego
Marie
Vivre pour le meilleur
Ride fo JH
CD 2 : Allumer le feu
Je veux te graver dans ma vie
Medley R&B : Aussi dur que du bois - Jusqu'à minuit - Je suis seul
Le pénitencier
Dis-le moi
Medleyt Rock'n'roll : Loving you - Blue Suede shoes - Tutti Frutti - Whole lotta shakin' goin'on
Je te promets (avec Jenifer)
L'envie
Essayer
La musique que j'aime
M'arrêter là

MA VÉRITÉ *(Mercury Universal)*

Sortie le 7 novembre 2005

S'il n'est pas trop tard
Ma religion dans son regard
La paix

Le temps passe
Si tu pars
Clémence
Ce qui ne nous tue pas nous rend plus fort
Mon plus beau Noël
Te savoir près de moi
Ma vérité
Elle s'en moque
Affronte-moi
Apprendre à aimer

FLASHBACK TOUR

Sortie le 4 septembre 2006

CD 1: Intro
L'envie
Je suis né dans la rue
La loi du silence * INEDIT
Ce qui ne tue pas nous rend plus fort
Marie
La paix
Ma gueule
Hey Joe
J'oublierai ton nom
Le bon temps du rock'n'roll
Le pénitencier
J'ai oublié de vivre
Cours plus vite Charlie
La musique que j'aime
Proud Mary
CD 2
Voyage au pays des vivants
Seul au beau milieu d'un lac*
Allumer le feu
Rivière... ouvre ton lit
Mon plus beau Noël
Ô Carole
Honky tonk woman
Derrière l'amour
Gabrielle
Que je t'aime
Si tu pars
La quête* (*INEDIT)

LA CIGALE : DÉCEMBRE 2006

Sortie le 11 juin 2007

Je suis né dans la rue
Hey Joe
Carole
Blueberry Hill en duo avec Chris Isaak
Tutti Frutti
Blue Suede Shoes
Le pénitencier
Quelque chose de Tennessee
Fils de Personne
Nashville Blues
La musique que j'aime
Be Bop a Lula
Whole Lotta Shakin' Goin' on
Heartbreak Hotel
Elle est terrible
Le bon temps du Rock'n'roll
Gabrielle
La quête

LE CŒUR D'UN HOMME

(Warner Music).
Sortie le 3 janvier 2008

Monument Valley
Être un homme
Always
Chavirer les foules
Vous madame
Je reviendrai dans tes bras
Que restera-t-il ?
T'aimer si mal
Ma vie
Laquelle de toi
Sarbacane
Ce que j'ai fait de ma vie
I am the blues
Le blues maudit
Les news

ÇA NE FINIRA JAMAIS

(Warner Music)
Sortie le 27 octobre 2008

Ca n'finira jamais
Je n'appartiens qu'à toi
Ca peut changer le monde
Si mon cœur
État de grâce
Je m'arrête là
C'est pas une vie
Étreintes fatales
On s'est aimés
Emily
Unchained melody
Les enchaînés (duo avec Joss Stone)
Je voudrais tellement
Je tiendrai bon

TOUR 66

(Warner Music).
Sortie le 28 septembre 2009

CD 1
Intro Tour 66
Ma gueule
Je veux te graver dans ma vie
Joue pas de rock'n'roll pour moi
Dégage
Preludio
Diego, libre dans sa tête
Ça peut changer le monde
Excuse-moi partenaire
Marie
Que je t'aime
Gabrielle
Unchained Melody
(Les enchaînés)
Allumer le feu
Requiem pour un fou
CD 2
Le pénitencier
La fille de l'été dernier
Blue Suede Shoes
That's All Right
La terre promise
I Got A Woman
Quelque chose de Tennessee
Les coups
Noir c'est noir
Je suis seul
Aussi dur que du bois
Jusqu'à minuit
Derrière l'amour
Le bon temps du rock'n'roll
La musique que j'aime
L'envie
Ça n'finira jamais
Outro Tour 66
Et maintenant

JAMAIS SEUL

(Warner Music Group)

Sortie le 28 mars 2011

Paul et Mick
Guitar Hero
Dandy
La douceur de vivre
Jamais seul
Vous n'aurez pas ma peau
Tanagra
J'inspire
Les herbes folles
Ces deux-là
Elle a mis de l'eau
England
Jade dort

L'ATTENTE

(Warner Music Group)
Sortie le 12 novembre 2012

L'attente
Refaire l'histoire
La femme aux cheveux longs
Un tableau de Hopper
N'en vouloir à personne
L'amour à mort
Un nouveau jour
20 ans
L'amour peut prendre froid
(avec Céline Dion)
Devant toi
À l'abri du monde

ON STAGE

(Warner Music Group)
Sortie le 06 juin 2013

CD 1
Intro
Allumer le feu
Je suis né dans la rue
Excuse-moi partenaire
Ma gueule
Marie
(orchestre symphonique)
Deux étrangers
Diego
(orchestre symphonique)
Quelque chose de Tennessee
(orchestre symphonique)
Poème sur la septième
(orchestre symphonique)
Requiem pour un fou
I Who Have Nothing
(ft. Amy Keys)
Gabrielle
J'la croise tous les matins
Hey Joe

CD 2
L'idole des jeunes
Joue pas de rock'n'roll
I'm Gonna Sit Right Down and Cry Over You
Elle est terrible
Cours plus vite Charlie
Tes tendres années
Que je t'aime
Oh ma jolie Sarah
Cet homme que voilà
Fils de personne
(ft.Yarol Poupaud)
L'envie
L'amour à mort
La musique que j'aime
(ft.Eddy Mitchell)
L'attente
Quand on n'a que l'amour

RESTER VIVANT

(Warner Music Group)
Sortie le 17 novembre 2014

J'ai ce que j'ai donné
Regarde-nous
Rester vivant
Seul
Au café de l'Avenir
Une lettre à l'enfant que j'étais
Je t'ai même pas dit merci
Si j'avais su la vie
On s'habitue à tout
Te manquer
Te voir grandir
À nos promesses

DE L'AMOUR

(Warner Music Group)
Sortie le 13 novembre 2015

De l'amour
Une vie à l'envers
Dans la peau de Mike Brown
Tu es là
Valise ou cercueil
L'amour me fusille
Mon cœur qui bat
Avant de frapper
Des raisons d'espérer
Un dimanche de janvier
Voyageur clandestin

RESTER VIVANT TOUR

(Warner Music Group)
Sortie le 21 octobre 2016

CD 1
Introduction (instrumental)
Rester vivant
Ô Carole
Noir c'est noir
Requiem pour un fou
J'ai pleuré sur ma guitare
Au café de l'avenir
Oh ! Ma jolie Sarah
Quelque chose de Tennessee
Gabrielle
De l'amour
La fille de l'été dernier
Summertime Blues
Mystery Train
Je te promets
L'envie

CD 2
Fils de personne
Le pénitencier
Mon cœur qui bat (avec Yodelice)
Ma gueule
L'idole des jeunes
Seul
Nadine
Que je t'aime
Allumer le feu
Je suis victime de l'amour
La musique que j'aime
Quand on n'a que l'amour

CD 3
Je veux te graver dans ma vie
J'ai oublié de vivre
Promised Land
I'm Left You're Right She's Gone
Down and Cry
Be-Bop-A-Lulla
Something Else
Le bon temps du rock'n'roll
J'ai besoin d'un ami
J'la croise tous les matins
Jusqu'à minuit
Dégage
Te manquer
Un dimanche de janvier
Tomber c'est facile

Crédits

Photos Agence Angeli
Pages :
8/9, 11, 12, 14/15, 16, 18/19, 20 (droite), 22, 23 (gauche), 24/25, 26/27, 28/29, 30/31, 32, 34, 35, 36 (en haut à droite), 37, 38, 40/41, 42 (droite), 43, 44/45, 45, 46/47, 48, 50/51, 52 (droite), 53, 54/55, 56, 57, 58/59, 60 (droite), 61, 62, 63 (gauche), 64/65, 66/67, 68/69, 70/71, 72, 73, 74, 75, 76, 77, 78/79, 80, 81, 82/83, 84 ((droite), 84 (en bas), 85, 86/87, 87, 88/89, 90/91, 92, 93, 94, 95, 96/97, 98/99, 100/101, 102, 103, 104, 105, 106/107, 108 (droite), 108 (en bas), 109, 110, 111 (droite), 111 (en haut), 112/113, 114/115, 116/117, 118/119, 120, 121, 122 (droite), 123, 124/125, 126, 127, 128 (en haut), 129, 130/131, 132/133, 133, 134/135, 139, 142/143, 144, 145 (centre), 148/149.
Photos Getty
Pages :
152/153, 136/137, 138, 140/141, 146/147, 150, 155, 156, 159, 160, 163, 164, 167, 168.
Photos Laurent Lavige (collection personnelle)
Pages :
6 et 7
Toutes les autres photos :
Archives Hugo, Archives P.A.S. et droits réservés

Remerciements

Merci à Lisa d'avoir été obligé d'apprendre les chansons par cœur, à Zouzou qui a allumé le feu, à Théo de l'entretenir, à Jasmin pour son envie d'aimer vivre, à mes parents, à Alexis Goyer, Anne-Cécile Perrin, Brice Laemle, Alexis Goyer, Hélène Kouyoumdjian, Jean-Pierre Saccani, à Jean-Baptiste Gilou (le Desperado de l'équipe), Hugues, Marie et bien-sûr Jean-Philippe.

Achevé d'imprimer sur les presses du Groupe Prenant à Vitry sur Seine